百年企业

基业长青的经营哲学

The Hundred-Year Enterprise
Philosophy of Everlasting Business

陈炜松◎著

中国宇航出版社
·北京·

图书在版编目（CIP）数据

百年企业：基业长青的经营哲学 / 陈炜松著. --
北京：中国宇航出版社，2016.12
ISBN 978-7-5159-1223-3

Ⅰ. ①百… Ⅱ. ①陈… Ⅲ. ①企业经营管理—中国—
近现代 Ⅳ. ①F279.295

中国版本图书馆CIP数据核字(2016)第274889号

特约策划 肖胜萍　王　景
责任编辑 吴媛媛　　**装帧设计** 宇星文化　久品轩

出版发行 中国宇航出版社
社　址 北京市阜成路8号　　**邮　编** 100830
(010)60286808　　(010)68768548
网　址 www.caphbook.com
经　销 新华书店
发行部 (010)60286888　　(010)68371900
(010)60286887　　(010)60286804（传真）
零售店 读者服务部
(010)68371105
承　印 三河市君旺印务有限公司
版　次 2016年12月第1版　　2016年12月第1次印刷
规　格 710×1000　　**开　本** 1/16
印　张 15.25　　**字　数** 207千字
书　号 ISBN 978-7-5159-1223-3
定　价 49.00元

本书如有印装质量问题，可与发行部联系调换

前　言

中国梦·百年梦·企业梦

2012年11月29日，习近平总书记在国家博物馆参观《复兴之路》展览时，首次阐述了“中国梦”的理念。他说：“现在，大家都在讨论中国梦。我以为，实现中华民族伟大复兴，就是中华民族近代以来最伟大的梦想。”“中国梦”是国家、民族、企业与个人的共同梦想，并且将国家利益、民族利益、企业利益与个人利益紧紧相连，从而形成一个符合广大人民群众根本利益的命运共同体！

作为“中国梦”的重要组成部分，“企业梦”是实现民族复兴、国家富强、人民幸福的重要载体和路径。企业是国家与社会的细胞，也是增强国家经济实力和国际竞争力的重要指标。“企业梦”的实现，不仅需要我们坚定地践行社会主义核心价值体系，而且要不断创新，不断进取。

对于企业而言，要实现基业长青、持续经营，必须树立一个伟大的梦想——“百年梦”。坚定的梦想与信念，是一个企业在激烈的市场竞争中求得生存与发展的核心所在。“百年梦”是经营者庄严的承诺，承载着企业、品牌的未来。

传统商业时代，由于社会发展缓慢和信息闭塞，一个家族企业和品牌可以很平静地延续百年而不被淘汰，企业的发展传承似乎并不是那么困难的事情。随着时代的发展和社会的进步，企业的基业长青梦越来越难以实现。

特别是在当今这个信息爆炸、创新无穷、市场瞬息万变、消费者甚至只需动动手指就可以启动或者抛弃一个市场的网络时代，一个企业和品牌再也不可能如以往那样一成不变地应对不断变化的经济形态。一年之中经历过去几年甚至几十年的荣辱兴衰，对企业来说也越来越不足为奇。

纵观全球知名企业，日本和欧美的百年企业数量较多，其他地区则十分稀少，尤其在中国，百年企业更如凤毛麟角。所以，一直以来，中国的企业都将百年企业作为奋斗目标。

但近几年，中国的商业界逐渐出现了一种不同的声音，认为社会环境是不断变化的，力求成为百年企业是一个徒劳的目标。事实上，由于我国经济所处发展阶段的特点，商业环境确实不太稳定，但这并非意味着中国企业难以成为百年企业。

我们这里所说的“百年企业”，不能只从字面上理解为“一个存在超过100年的企业”，这是一种形象的说法，实质上是指：具有长盛不衰、永续经营的基因，能够从一个成功过渡到另一个成功的企业。

在目前的形势下，我们探讨这个话题是十分有必要的。因为，现今我国的大多数企业都是诞生于20世纪80年代，比如万科、华为、联想等，它们已经具有30年左右的成长经历，正面临着企业能否基业长青的考验。

1994年，管理学领域的两位研究者吉姆·柯林斯和杰里·波勒斯在对18家知名百年企业进行调查研究的基础上，著成了《基业长青》一书。该书探讨了成为百年企业需要的一些基本要素，比如择强汰弱的进化、教派般的文化、利润之上的追求等。但由于中外价值观以及经济结构等方面的差异，要将一项研究成果应用于我国企业的实践还具有一定的难度。

《百年企业：基业长青的经营哲学》这本书从我国目前所处的经济环境以及企业所面临的各种实际问题出发，对一家企业如何获得基业长青的基因，成长为百年企业进行了系统的阐述。

针对企业的文化、企业的顶层设计、企业的创新以及家族企业的运营与传承等方面，本书也进行了理论层面的阐述和实践层面的指导，力求帮助企业发现潜在的问题、分析存在的问题，并解决出现的问题。比如：

——民营企业“长寿”的三个立足点是什么？

——如何从企业生命周期看百年企业的打造？

——制定企业战略时，会常犯哪三大错误？

——如何实现企业创新管理体系的落地？

——如何诊断与衡量创新管理成熟度？

——让企业文化有效落地的七大策略是什么？

——如何建立以绩效为驱动的企业文化？

——家族企业内部传承会面临哪三个问题？

——如何构建可持续成长的内部传承模式？

——如何构建接班人轮岗培养模式？

我相信，在正确理念的指导下中国的企业同样也能够获得长盛不衰、永续经营的基因，中国未来也会出现更多基业长青的百年企业！

陈炜松

2016年8月

目 录

CONTENTS

CHAPTER 1

巨变时代：“互联网+”时代的企业经营法则

1.1 商业之变："互联网 +"时代的商业颠覆与重构

1.1.1 互联网 +：连接虚拟与现实的商业变革

"互联网 +"时代的到来，逼迫传统企业不得不进行互联网化的转型升级，以应对新常态下快速变化的市场环境和商业生态的挑战。然而，企业的互联网化转型并非只有自我革新一条路径，还可以借助资本的力量，通过投资并购互联网企业和创新创业企业，将互联网因素融合进来，实现转型升级。

互联网实现了实体世界与虚拟世界之间的互联互通。以往，企业的实体产品及实体店面互联互通。如今，通过互联网，不仅能实现虚拟产品及虚拟店面之间的互联互通，而且能将虚拟世界与现实世界连为一体。主要包括：产品产生的价值与资本产生的价值互联互通；企业中以大数据为代表的无形资产创造的价值与有形产品创造的价值互联互通；企业组织内部产生的价值与企业外部产生的价值互联互通；线上虚拟店面与线下实体店面互联互通。

近几年，移动互联网的广泛应用更是打破了时间与空间的限制。借助移动互联网进行交流沟通，实现了信息传递的即时化。具体表现在以下几个方面：

1. 打破了用户交流的时空限制

用户之间借助社交媒体平台、电子邮件、即时通信软件等多种交流渠道在网络空间中沟通，所有人都可以将自己的疑问发布到网络上，并获得位于世界各地的专业人士的解答。人们可以自由地分享自己的创意、技能和经验，用户通过建立庞大的网络社群形成了强大的社会影响力，充分参与到产品的设计、制造、价格制定及营销推广等多个环节中。

2. 打破了企业与个体之间交流的障碍

个体作为企业的用户时，可以随时随地通过移动互联网与企业交流沟通、浏览产品信息、交易支付、评价商品等；个体作为企业的合作伙伴时，可以与企业进行交易，获取企业的分包订单，实时地将产品的制作进度反馈给企业，企业则可以及时调节产品的相关参数，充分保证产品的质量；个体作为企业的员工时，可以借助移动互联网实现移动办公，并在企业的内部线上交流平台中同步工作进度。

3. 打破了供应链的时空限制

用户在互联网中留下的大量数据及企业的商品交易数据在互联网中实时传递，企业可以随时了解用户的实时需求，从而实现按需生产。员工借助移动终端掌握订单信息及原材料的物流配送信息，从而实现按时生产。供应链信息平台化的实现，使得供应链环节中位于不同地区的各个企业能彼此交换订单信息，实现同步生产，大幅度提升了生产效率及产品质量。

互联网打破了时空限制。P2P 模式的出现打破了用户之间的时空限制；O2O 模式的出现打破了线上与线下的时空限制；C2B 模式的出现则打破了用户与企业之间的时空限制。像空气一样无处不在的互联网网罗一切，并以高效率、低成本的优势深刻改变着各行业的商业模式。

1.1.2 产品变革："互联网 +"重构传统产品观

1. 产品极致化

以企业为中心的传统商业模式下，消费者对产品的需求更多的是对功能的需求，同行业竞争对手之间的产品并无太大的差异。进入以用户为中心的移动互联网时代，用户的需求日趋个性化及差异化，企业必须要生产满足消费者需求的产品才能在日益激烈的竞争中存活下来，打造属于自己的个性产品，并将产品做到极致。

（1）产品的极致化需要企业优化产品的设计理念。

以往，产品更多地强调实用性，消费者追求的是其使用价值；如今，产品的价值不再局限于使用层面，企业必须赋予产品引发消费者共鸣的情感价值；未来，产品将成为承载使用价值与情感价值的统一体。

（2）产品的极致化需要企业优化产品的营销理念。

以往，企业将大量资金投入到营销推广中，一旦广告投入力度有所下降，企业的销售额就会明显下滑；如今，企业产品日趋极致化，产品自身就是媒体的载体，再加上由大数据、云计算等技术支撑的精准营销，使企业实现了口碑营销。

以企业为中心塑造而成的企业品牌，消费者没有足够的话语权，只能被动接受。以用户为中心塑造的口碑营销，消费者成为企业品牌的主动传播者，并通过众多社交媒体平台将产品传播至世界的每一个角落。

2. 产品模块化

从某种角度来说，产品模块化是极致分工与合作的必然结果。

（1）产品模块化来源于供应链的分工组合。产品分工是企业从线性结构发展至网状结构的重要基础，产品首先被分成一个个零部件，接着将零部件极致化地划分为各个不同环节。产品组合同样也要做到极致化，根据不同的环节将产品零部件组合为标准化的系统模块，然后将这些模块归类，通过一定的界面联系规则最终将模块组合为产品。实现模块化生产将成为企业满足消费者个性化及多样化需求的重要手段。

（2）产品模块化来源于企业运营的分工组合。产品的分工组合不仅按产品的生产环节进行，还按照企业运营环节进行划分。产品的研发、制造、推广、配送、售后等各个运营环节都要重新分工组合，众多极致化分工的企业在互联网时代对资源进行最优化的配置组合，最终实现了企业利润最大化。

在极为方便快捷的通信、物流、交通的支撑下，地球正在成为一个村庄，企业产品研发、制造、推广等各个运营环节可以实现更经济的社会协同，让更多人参与到价值创造中，从而实现多方的合作共赢。

1.1.3　模式变革：免费模式与用户本位的崛起

1. 免费："互联网 +"时代的主流商业模式

以往的商业逻辑中，企业要想赚钱就不能免费，赚钱与免费往往被认为是矛盾的。如今，企业在免费的同时可以获得巨大的回报，通过免费来创造价值已经成为互联网企业普遍采用的新玩法。

在互联网时代，免费发展为一种常态，价值创造主要依靠企业与用户建立起来的强有力的情感连接。企业挖掘并创造出更多用户需求来提升自身的盈利能力。企业可以在互联网中收集到大量的用户数据，并通过大数据、云计算等科技手段掌握消费者实时变化的动态需求，用户数据成为企业争夺的重要资源。企业的商品开始以虚拟化、数字化的形式展现，虽然其初次投入成本较高，但边际成本近乎为零，这就为产品免费提供了现实基础。

通常情况下，消费者在面对免费商品时，消费心理很容易发生改变，极易出现非理性消费，表面上看企业放弃了一部分收入，事实上却为企业带来了更多的参与者及使用者，正是免费模式的出现让企业挖掘出了更多的蓝海市场。

实践中，企业通过免费来创造价值主要包括以下几种方式。

（1）交叉补贴。

交叉补贴就是某种免费商品捆绑另一种收费商品。比如，硬件免费，软件服务收费；基本功能免费，高级功能收费等。

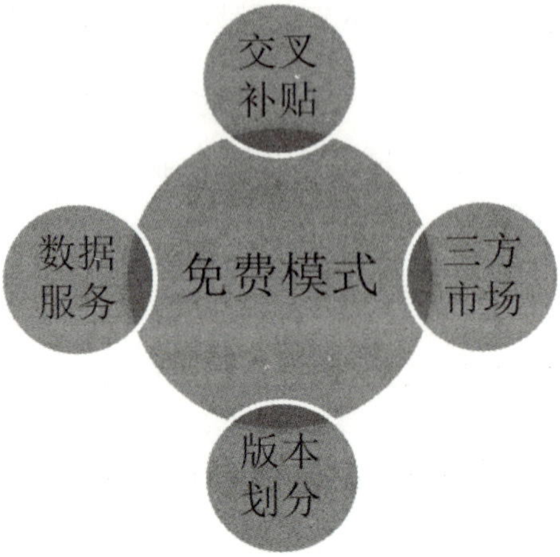

（2）三方市场。

三方市场指从产品生产者及使用者之外的第三方收费。最为典型的代表是在网站中浏览信息的用户不用支付任何费用，企业通过收取广告投放商的大量广告费获得收益。

（3）版本划分。

对产品或者服务按照版本进行划分，初级版本免费，后续版本则收取费用，这种方式在软件服务商中尤为常见。

（4）数据服务。

移动互联网时代，数据服务可以说是产业链中利润最高的部分，阿里巴巴掌握着海量的用户交易数据，腾讯则掌握着海量的用户社交数据，从这些数据中挖掘出更精准的消费需求，诞生了许多拥有亿级用户的免费应用，后续推出的各种增值服务足够让这些企业获得丰厚的回报。

2. 用户本位主义

不同的经济发展阶段，价值创造的参与主体所扮演的角色存在明显的差异。

当企业的生产受到政府的直接干预，通过政府调配资源来创造价值时，可以称之为政府本位主义。当企业成为价值创造的主要驱动者，用户对产品及服务没有足够的话语权，只能被动接受，形成了企业本位主义。当用户成为主要价值创造者，则形成了用户本位主义。如今企业的经营模式也开始从以企业为中心转向以用户为中心。

在用户本位主义理念中，企业运营过程中的产品创意、研发、生产、营销、体验、评价等全部来源于用户。这就要求企业在移动互联网时代要对企业与用户之间的关系重新定义。从用户参与价值创造到融入价值创造，再到主导价值创造，用户不仅作为企业产品的消费者，更作为企业产品的生产者。

此外，用户本位主义还强调企业将用户培养成为忠实的粉丝，让用户从单次购买发展至重复购买、终生购买。届时，海量的企业粉丝用户自发的推广产品、销售产品并评价产品，通过口碑传播建立强大的企业影响力，与企业联合起来实现价值共创。

1.1.4　管理变革：个体经济与大众力量的盛行

在不同经济发展阶段，个体与大众的社会地位存在着巨大的差异。

1. 个体经济时代的来临

如今，身处移动互联网时代的个体具备强大的知识、技能、资源、影响力，个体的能量得到充分释放。与企业相比，个体具有相同的市场地位、市场环境，个体所能创造的价值在移动互联网的助力下被放大，标志着个体经济时代的到来。具体表现在以下几个方面：

（1）个体成为自企业。

个体同样具备整合社会资源的能力，同样可以实现产品的全球研发、生产、交易及销售。

（2）个体成为自媒体。

人人都可以通过各种社交媒体平台发布新闻资讯，每个人都可以成为热点新闻的传播者及制造者，所有人都可以对新闻资讯进行评论。

（3）个体成为自结社。

每个人都可以在虚拟世界建立起生活社区、兴趣组织，通过强大的线上影响力直接影响线下。

（4）个体成为自金融。

个体开始具备部分金融功能，以比特币、游戏币为代表的虚拟货币可以与现实货币实现双向对换，从而建立虚拟的货币、股权等多样化的金融交易市场，并实现了金融管理职能。

（5）个体成为中心。

每个人都可以通过创造有吸引力的言行成为外界关注的焦点，个体在线上拥有的粉丝数量成为衡量一个人影响力的重要标准。

互联网时代，企业中的每名员工都可以成为管理者。海尔集团将每名员工都作为一个小微企业，开展创客运动，每名拥有创意的员工只要能获得用户的认可都可以创业，并成为相应企业的 CEO。

具体表现在以下几个方面：其一，开展创客大会，引入社会中的风投机构对创意项目可行性进行评估；其二，广泛借助社会资源，帮助拥有一定用户资源的创业者；其三，用户成为考核项目的重要标准，每名员工都成为与用户连接的重要节点，连接用户更多、更为密切的员工可以得到更为丰厚的回报。

2. 大众力量的崛起

以往，少数人占有了大量的社会资源，这些人主要是业内资深人士与专业人士，企业过度强调这些专业人才的力量；如今，人们可以通过移动互联网掌握大量的社会资源。不仅是专业人士，业余爱好者同样可以成为资源的拥有者，企业可以充分利用普通员工的能量，广泛借助社会大众的力量实现发展。具体表现在以下几个方面。

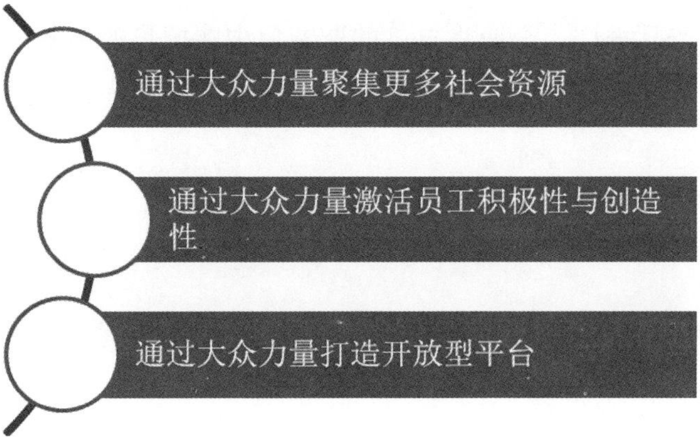

（1）通过大众力量聚集更多社会资源。

以前，企业过多地依靠专业人才、稀缺资源，给予少部分人大量的报酬，提升了专业知识、技能及稀缺资源的价格，但往往事与愿违，造成企业投入较高成本，无法获得相应收益。如今，企业可以借助社会大众力量，在互联网中免费获取大量资源。

（2）通过大众力量激活员工积极性与创造性。

传统时代，员工机械性地重复着简单的制造工作，劳动强度大、科技含量低，收入普遍不高，员工的工作积极性更多来自于外部的物质激励。移动互联网时代，员工工作强度大幅度降低、工作时间短、科技含量较高，人们可以根据自己的兴趣选择适合自己的工作，主动发挥自己的才智为企业创造更大的价值。

（3）通过大众力量打造开放型平台。

以前，企业实行封闭式运营，产品的研发生产、推广营销、交易支付、售后服务等自成体系。企业日常运营中，调配大量资源来补充自己的短板，采用高成本投入的重资产运营模式。

如今，企业更加强调开放性，借助全球资源，通过社交媒体平台低成本、高收益地进行产品推广。企业将自己的资源集中在擅长的领域，广泛开展战略合作，最终与产业链的各个环节中处于绝对优势的合作伙伴一起将整个市场做大做强。

1.2 组织裂变："互联网 +"时代重构人与组织的关系

1.2.1 价值网络体系的变革与重构

互联网重塑了人与人、人与组织、组织与组织间的交互方式和关系形态，这必然会推动着企业以开放合作的互联网新思维重构以往的组织架构和运营模式，打造更加适应新时代商业环境和市场竞争的"智慧型组织"。

传统企业多以"母—子"形态存在，追求的是"大而全"的规模效益；互联网时代，企业更注重"小而精""小而美"的发展模式，注重构建或参与价值网络体系。简单来讲，就是将以往市场中的契约关系与企业内部的产权关系相融合，借助互联网连接、开放、合作、共享的特质，把所有相关企业都包容到一个价值网络体系中，并基于各个企业的核心能力或价值明确它们在网络体系中的定位和主要发展方向。

在这个价值网络体系中，大致可以将纷繁复杂的企业划分为三种类型：模块供应商、系统集成商和规则设计商。其中，模块供应商实施分工，系统集成商负责实体层面的整合，规则设计商负责虚拟层面的整合。

在价值网络体系中，模块供应商处于整个价值体系的下游，面临着十分激烈的市场竞争，需要构建出独特的核心优势才能在价值网络中站稳脚跟；而系统集成商、规则设计商则位于上层，往往是相应行业的市场垄断者。如此，通过将产业链中的上下端企业整合到同一个价值网络体系，市场中的竞争和垄断

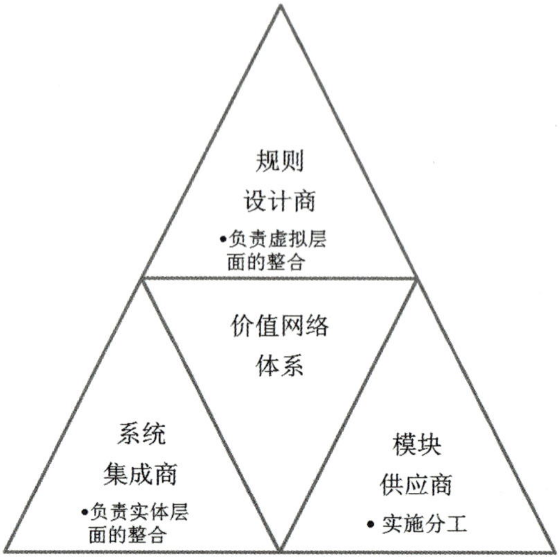

融为一体，企业间的关系也由同质化的零和博弈转为异质化的合作共赢。

作为节点企业的模块供应商，不再追求“大而全”的规模效益，只需建构自己的核心能力并不断增强这一能力，就可以顺利参与到价值网络体系中获取想要的价值；作为主体企业的系统集成商和规则设计商，他们也不再需要将精力、资源花费在产品上，而是思考如何打造一个更加优质的平台或生态系统，以融合更多的节点企业为整个网络体系创造价值。

不论是价值网络体系的构建者还是参与者，都将呈现出“小规模大网络、小实体大虚拟、小脑袋大身子、小核心大外围”的“四小四大”组织形态。而这种“小”与“大”的有机结合将有效解决规模化发展造成的活力下降等各种“大企业病”，并为企业的长远发展提供新的思路。

更具体地讲，价值网络体系其实是在实体层面“以大化小”（把大企业做小，只专于最核心的能力和价值），在虚拟层面“以小化大”（借助互联网帮助主体企业获取远超于体量的资源）。从这个角度来看，也可以把价值网络体系称为“独立联合体”或“商业生态圈”。

阿里巴巴正是通过打造一个极具开放包容性的“商业生态圈”，在短短十几年内成长为令人瞩目的互联网商业帝国。阿里巴巴没有将眼光放在与某个企业的竞争上，而是充分利用日益发展的互联网和大数据技术，将千千万万中小企业和个人融入它所构建的平台生态系统中，以合作、共享、共赢的互联网新思维，在帮助他人创造价值的同时实现了快速发展。

阿里巴巴“商业生态圈”中的企业也许会不断地优胜劣汰，但只要这个平台的容量在扩大，只要还有大量参与企业，那么阿里巴巴始终会处于这个价值网络体系的最顶层。

1.2.2　互联网思维下的全球化整合

不同于传统封闭式的经营思维和运作模式，互联网时代的企业思维更具开放性。企业将跳出自身的组织边界，将目光投向拥有更多资源、更大利益的“外部世界”。

简单来讲，就是企业将基于开放、连接、合作、共享的互联网新思维，以极大的创新创造精神从全球范围内获取自身需要的思想资源、资金资源和业务资源，进行无边界的全球化资源整合，实现思想全球众智、资金全球众筹、业务全球众包。

1. 思想全球众智

思想全球众智即企业不再单纯依靠自身力量去解决研发、制造、营销、营运等各个方面的技术或管理难题，而是将其放到相应的网络平台上，以多种方式吸引企业之外的个人或团队来为这些问题提供解决方案，从而使世界不同地域和时区的人都成为企业“智囊团”的一员。

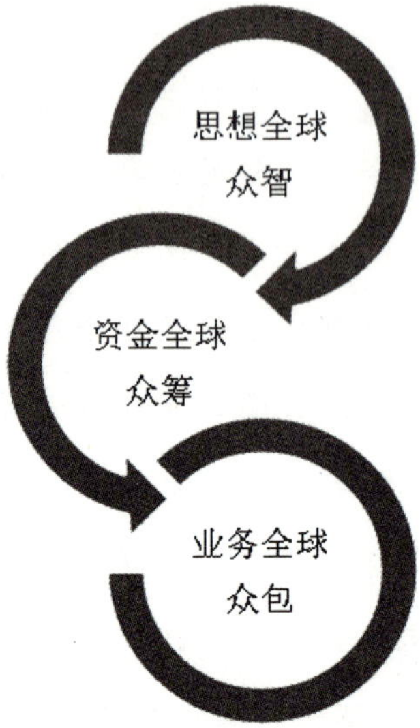

根据美国 InnoCentive 网站的资料显示，波音、杜邦、宝洁等世界众多知名公司的内部研发人员在遇到难以突破的科技瓶颈时，会将相关问题放到 InnoCentive 网站上，借助全球的智力资源来解决科学、技术方面的难题。由于这种思想全球众智模式具有低成本、高效率的优势，宝洁公司甚至规定每一个部门都要有不低于 50% 的业务或服务创新来自外部。

2. 资金全球众筹

资金全球众筹指项目发起人借助互联网平台快速传播的特性，向数量庞大而分散的普通大众筹集资金，用以开展项目、创办企业或进行生产活动。这是一种基于互联网的新型融资方式，其主要特点是“众付 + 预付”。

例如，当前备受追捧的 C2B 反向定制（在产品生产或服务提供之前预先购买），不仅为消费者创造了更优质的产品和服务体验，而且也使企业真正做到"按需生产"，实现零库存甚至负库存。

资金全球众筹模式有效化解了初创企业和中小企业的融资难题，为它们提供了多元化的资金获取途径，大大降低了企业的融资成本，提高了融资效率。

3. 业务全球众包

业务全球众包即企业专注于打造最核心的业务能力和竞争优势，而将外围和边缘业务通过互联网平台分包给能够满足项目要求的个人或企业，通过调动全球市场的资源协作完成企业目标。

业务全球众包模式将非核心业务外部化，企业可以调动更多资源为自身的生产经营服务，有效降低了运营成本，并将更多资源和精力放在建构和完善核心价值上。其实，不只是非核心业务，企业的部分核心业务也可以采用全球众包模式。

1.2.3　组织架构模式的平台化运作

1. 把企业做成平台

借助互联网连接世界的本质，通过开放包容的平台架构整合全球更多资源为己所用。这实际上要求企业从“单打独斗”的传统竞争模式，转向更能适应互联网时代的商业生态系统模式。

如果说以往海尔的发展来源于企业高效的管控模式，那么进入互联网时代，海尔更加注重将自身转变成一个为员工提供更多自由和创新创造空间的开放平台。借助这一平台，海尔的员工能够实现自己的创新创业梦想。同样，海尔也借助对内部活力的重新激发与挖掘，从一棵大树衍生成了一片森林，极大增强了自身的可持续发展能力和市场竞争能力。

2. 把产品做成平台

转变以往“产品只是产品”的观念，树立“产品不是产品”的理念：前者只关注产品的核心功能，并以此为消费者提供相关的产品服务；后者则是在深度分析和挖掘互联网时代消费需求和消费心理的基础上，打破产品核心功能边界，将更多功能融入产品，为用户提供综合性、一体化的产品体验，使消费者获得的不仅仅是一款产品，更是一个可以进行多元化价值体验的平台。

手机是产品平台化最显著的例证。以往，人们只是将手机当作一种即时通信设备；如今，作为智能终端的手机早已超越了单一的通信定位，而是为人们提供极为丰富多元的功能：购物、支付、理财、学习……

3. 把员工做成平台

不再将员工当作管理监控对象，而是充分尊重他们的自主性和创造性，在企业内部提供有利条件和氛围，激发每位员工的潜能，让他们为企业创造出远超于工作岗位的价值。

谷歌等许多互联网企业都允许员工拿出一定的工作时间去做想做的事情。而恰恰是这种给予员工充分自由的文化，让员工能够不断涌现新的创意，研发出新的产品、技术，并最终为企业带来巨大效益。

海尔集团将员工作为"资源集成商"，为员工的创新创业活动提供各种内外部的优势资源，从而激发出员工的潜能，也让企业获得了更好的发展。

4. 把用户做成平台

企业不再满足于解决用户单一的功能性需求，而是深度挖掘用户的多层次潜在消费需求，为他们提供问题解决方案，实现精准营销，从而既优化用户体验，又提高企业收益。

比如，消费者购买汽车之后，商家进行的有关车辆保险、车辆保养、车辆装饰等多方面营销活动。

1.2.4　用户员工化：让用户参与进来

所谓"用户员工化"即将用户视为能为企业创造价值的"不在册"员工，通过多种方式使用户参与到企业的价值创造活动中，既满足用户的参与感，又节约企业的人力成本，使企业得以整合利用更多"社会资源"。

用户员工化主要包括如下三种情形。

1. 让用户成为低报酬员工

将企业的非核心业务、特别是没有价值优势（技术、成本等）的内容进行众包，利用远超于自身体量的全球优质资源完成发展目标：让外部出色的研发专家成为企业的“非在册”研发人员，让外部出色的营销精英成为企业的“非在编”营销员工等，如此，企业不仅能够以最大的精力运营核心业务，还能够借助外部资源实现非核心业务环节的优质高效运作；同时，业务众包还将全球范围内的优质人才转化成了企业的低报酬员工。这些都大大增强了企业的市场竞争能力。

2. 让用户成为零报酬员工

借助智能设备的普及，将以往由员工服务的环节转换成由用户自助完成。企业则由以往的出设备、出人转变为只出设备，将“让用户成为零报酬员工”。

以往用户办理存取款、转账、缴纳水电费等业务，必须花费大量时间等待银行业务人员办理。不论对于用户还是银行来说，都是一种高成本、低效率的方式。现在，通过遍布在机场、车站、商场等地区的24小时自助服务柜员机，用户可以高效便捷地自己办理业务，银行因此节约了大量的人工成本和时间，扩展了营业网点。

同样，当前越来越多的餐馆自助服务、航空公司的旅客自助值机办理服务等，都是“让用户成为零报酬员工”思维的具体运用。

3. 让用户成为负报酬员工

让用户成为零报酬员工虽然降低了企业的人工成本，但却需要大量的自助设备投入，且用户还会受到地点的制约（如设备一般都安置在人流量大的地区）。当前，随着移动互联时代的到来，这一状况得到了改变：企业不仅可以让用户成为零报酬员工，甚至可以让他们主动购买"设备"，自带设备、自我服务，从而变成企业的负报酬员工。

> 银行、航空公司、快餐企业等只需要构建出完善的网络服务系统，就可以让用户办理以往需要在实体柜台或自助机上操作的业务，从而打破了服务时间与地点上的限制。对用户而言，则只需要一个简单的App，就相当于自带了一个随时随地进行自我生产、消费和服务的设备。

1.2.5　构建无边界组织与自组织管理

1. 无边界组织

企业成为无边界组织，就是深刻理解互联网开放共享、连接世界的特质，借助互联网思维、技术和平台，打破企业固有的经营、管理和操作边界，实现从破界、跨界到无边界的转型。

（1）经营层面的无边界发展，包括四个方面。

> · 产品无边界。超脱产品固有的功能边界，融入更多功能，充分满足互联网时代人们对产品和服务的消费诉求。
>
> · 时间无边界。在产品的研发、制造、营销上，由传统有限的固定时间转为全时段运行。

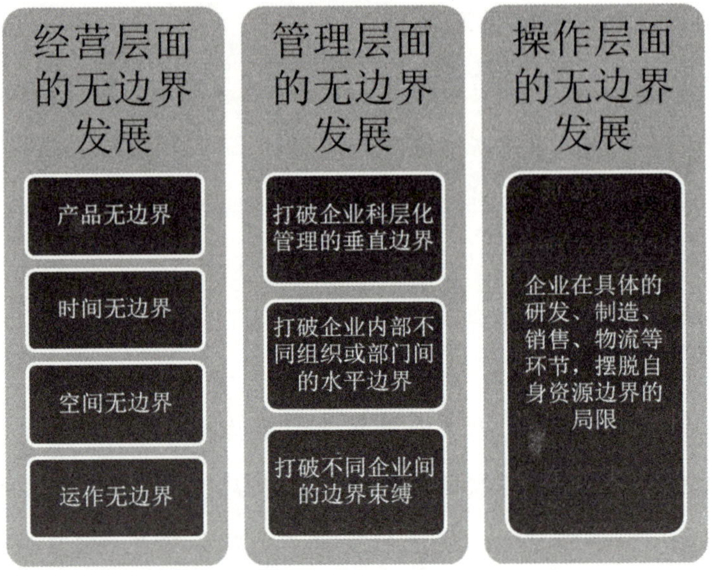

·空间无边界。在产品的研发、制造、营销上，冲破空间限制，实现全球化运行。

·运作无边界。打破固有的业务边界，进行“跨界布局”“跨界竞争”，实现企业的平台化、多元化发展。例如，电商巨头阿里巴巴进军金融服务领域；智能手机新贵小米布局电视市场等。

（2）管理层面的无边界发展，包括三个方面。

·打破企业科层化管理的垂直边界。围绕企业使命、愿景、目标等内容建立更利于激发员工潜力的扁平化架构，实现员工的自组织式管理。

·打破企业内部不同组织或部门间的水平边界。从整体利益和长远发展的视角进行企业流程再造，有效化解部门或个人利益诉求差异而对企业整体发展的掣肘，重新激发企业活力。

· 打破不同企业间的边界束缚。通过全供应链管理实现物流、信息流、资金流的"三流合一"，将以往不同企业零和博弈式的竞争关系转变为互联网时代下的合作共赢关系。

（3）操作层面的无边界发展，即企业在具体的研发、制造、销售、物流等环节，摆脱自身资源边界的局限，借助互联网，通过思想全球众智、资金全球众筹、业务全球众包等新模式，将全球资源"为我所用"，从而获取远超企业体量的社会资源。正如海尔集团指出"世界就是我们的资源部"。

2. 自组织管理

互联网时代是一个以人为中心的个性张扬的时代。与之对应，现代企业管理也将是一种"去管理化"的"无为而治"。

（1）管理的最高境界是零管理。

孔子指出："听诉，吾犹人也，必也使无诉乎？"真正的管理也是"少管理"甚至"不管理"，让大量的问题在中基层得以解决，而高层可以"无为而治"，将更多的精力放在企业的战略发展方面。

（2）零管理的实质是自组织管理。

要想做到"零管理"，就需要企业的每位员工、每个部门和每个运营环节都具有高度自主性，每个人都能安于其位、司于其职、尽于其能，即能够进行"自我导向、自我激励、自我约束、自我发展"式的自组织管理。

（3）自组织管理的前提是要有体系。

实现企业内部的自组织管理，需要借助体系的力量。因为体系被建构以后，就拥有了独立的生命力和运作逻辑，具有自驱动性、自增长性、自优化性、自循环性等特点，从而能够将体系内的不同参与者有效整合协同起来，实现自组织管理。比如在价值网络体系中，不同参与者之间既高度分工又密切协作，每个成员既是在为自身获取收益，也是在为这个利益共同体创造价值。

1.3 模式创新：“互联网 +”时代构建可持续商业模式

1.3.1 可持续商业模式 = 客户价值 + 企业价值

如何实现可持续盈利，是任何企业在任何发展阶段都需要考虑的问题：对于初创企业和中小企业来说，这一问题的思考结果决定了它们能否在竞争激烈的行业格局中找到打开市场的最佳切口；对于大型企业而言，这个问题决定了他们能否“让大象学会跳舞”，即改变僵化的企业架构和运作模式，满足互联网时代对企业灵活性、创新性的要求，增强企业对快速变化的外部商业环境的应对能力。

每家企业作为一个复杂的个体，在商业环境、市场定位、产品服务、资源占有与配置等方面都不尽相同。因此，如何在充满变化的时代为企业建构出一个简单实用、可持续盈利的商业模式，并非一件简单的事情。

具体来看，商业模式由三个层面构成：商业环境、盈利模式和财务模型。商业环境的不断变化既向企业提出了创新变革的要求，也为商业模式的创新提供了机会和条件；而一个具有可持续盈利能力的创新模式，则必须有效平衡好客户价值与企业价值的关系，并能够经得住财务模型的检验。

商业模式的创新需要领导者具备敏锐的市场感知力，能够及时、准确地洞察商业环境的变化，发现和把握这种变化为商业模式创新带来的契机，并对内外部的资源要素进行更为有效合理的优化配置。

客户价值与企业价值是可持续盈利模式的两个核心内容。客户价值是指企业能够为客户创造的价值，企业价值是指企业在创造价值过程中所获得的自身价值。简单来说，就是企业的价值创造和收益获取，两者相互依存、互生互荣。

客户价值是企业生存发展的基础，能够帮助企业吸引和黏住客户，实现业务目标。而企业价值是其能够可持续成长的关键保障，也是企业愿意不断为客户创造价值的内在驱动力量。特别是在经济波动和低迷的时期，如果企业不能为自身创造价值，就很容易陷入发展的困境，甚至无法存续下去。

1.3.2　企业可持续商业模式的创新

企业所处的商业环境会在人口结构、消费习惯、技术发展、资源和环境约束，以及政府影响等五方面因素的驱动下发生变化。商业环境的变化又会带动客户、产品 / 服务、资源和能力四个要素中的一个或多个改变，并借助整体组织的协同效应引发其他要素的调整、变革，最终实现商业模式的创新。

从这个角度来看，可以将企业可持续商业模式的创新划分为四大类型：基于客户的商业模式创新、基于产品和服务的商业模式创新、基于关键资源的商业模式创新和基于关键能力的商业模式创新。

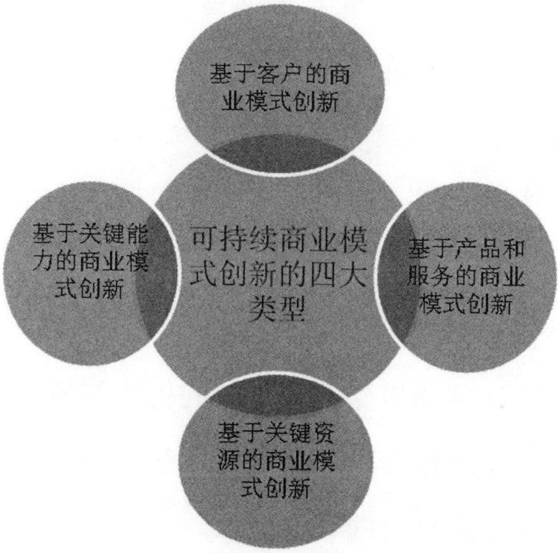

1. 基于客户的商业模式创新

客户要素包括两个方面：目标群体的规模和需求。一般来说，当商业环境变化时，客户要素的这两方面内容也会发生相应的改变，从而为基于客户的商业模式创新提供机遇。

比如，在人们的消费需求发生变化时，往往会产生新的市场机遇。而企业如果能够敏锐感知市场变化，准确预判客户需求，并构建出能有效满足新消费需求的商业模式，就能够在市场中占得先机，实现快速发展。

近些年来，国内三四线城市居民的可支配收入持续增长，由此形成了对品牌服装的巨大消费需求。不过，限于收入水平，大多数居民仍然无力购买价格高昂的国际服饰品牌。这一情况为国内品牌服装生产商提供了极佳的契机。

很多国内制造商果断放弃了海外代工业务，专注于打造自有品牌，开拓国内市场。这些本土生产商一方面借助媒体进行广告营销与宣传，打造良好的品牌形象，提升品牌影响力；另一方面通过代理商制度，在三四线城市快速建起了完善的分销渠道。

这些转攻国内市场的服装品牌制造商在过去十几年中大都实现了快速发展（有些企业的年增长率甚至超过了40%），并获得了极为可观的盈利。相反，那些没有抓住这次机遇的主攻海外代工市场的企业，很多在经济危机到来时陷入了发展困境。

在上述案例中，企业围绕新的客户群体（三四线城市消费者），通过关键资源（目标客户群体所认可和接受的品牌）的构建与核心能力（在目标市场中的营销能力）的打造，最终创新出一个可持续盈利的商业模式，在为客户创造价值的同时，也实现了企业自身的收益获取。

2. 基于产品与服务的商业模式创新

客户对产品和服务的购买一般要考虑其价值和价格。而商业环境的变化常常会改变既有产品和服务的价值创造能力，甚至完全颠覆传统的商业模式，推动新商业模式的创新。

传统平面媒体首先通过优质的内容吸引和黏住大量读者，形成了聚众传播效应（对特定读者群体的聚集），然后向需要投放广告的企业收取广告费用，以此实现自身的盈利。传统平面媒体的这种商业模式，实质上是将特定读者群的聚集作为产品（服务）卖给需要的企业，且这一产品（服务）创造的价值远远超过了平面媒体内容发行所获得的收益。

简单来讲，就是传统平面媒体以广告投放者为主要客户，以广告主所关注的特定读者群为主要产品或服务，实现了价值创造和收益获取。不过，智能手机的普及改变了大多数读者的阅读方式与习惯。电子化阅读快速兴起，使得读者渐渐远离了传统平面媒体，因此传统平面媒体丧失了支撑其盈利的最主要产品（服务），固有的商业模式和生存基础受到了严重的冲击与颠覆。

可以看出，商业环境的变化（这里是技术变革）改变了固有产品和服务的价值创造能力，影响了企业赖以生存的基础。因此，企业需要敏锐感知由商业环境变化带来的产品和服务价值的改变，并基于新的商业环境打造或增强新的产品和服务价值，保障商业模式的可持续盈利能力。

3. 基于关键资源的商业模式创新

关键资源是指企业中具有垄断性、排他性的有形或无形资产，是竞争对手无法获得或者需要付出高昂代价才能获取的资源，往往决定着企业能否在市场竞争中占据主导和主动地位。随着全球范围内资源瓶颈的凸显，基于关键资源的商业模式创新变得更为重要。

中国神华集团是国内具有持续高盈利能力的集采煤、发电、运输、港口经营等多种业务于一体的公司。其可持续盈利商业模式的关键是公司拥有优质煤炭资源和铁路运输资源。例如，通过自修铁路，及时高效地将优质煤炭运送到码头。这是煤炭领域同业者很难做到的。

在日益发展成熟的互联网领域，无形资产尤其重要。比如，阿里巴巴的成功不仅在于抓住了发展先机，更重要的是创始人马云借助个人魅力和口才不断将阿里巴巴的故事传向全国乃至世界，从而极大提升了阿里巴巴的品牌知名度；再加上另一关键资源支付宝的推广普及，使得阿里巴巴成功垄断了国内的 B2B 市场。

我国企业在国际市场竞争中缺乏核心竞争力的一个很重要原因就是没有建立起对关键资源的有效掌控：钢铁企业缺乏优质铁矿石，家电企业没有核心技术，出口企业无法掌握品牌和分销渠道。因此，国内企业需要加强对关键资源的掌控能力，并基于关键资源建构出具有竞争优势的可持续盈利商业模式。

4. 基于关键能力的商业模式创新

关键能力源于企业围绕商业活动所建构的独特组织模式和运营安排，既包括技术研发、工艺创新等方面的内容，也包含营销、渠道、供应链等经营方面的状况。

技术革新能够有效增强企业内部的关键能力，进而推动商业模式创新。例如，戴尔公司借助信息化技术实现了对全球供应链系统的高效优质管理，从而建立起个人计算机的直销模式，推动了销售业绩的快速增长。戴尔公司通过对供应商库存管理（VMI）、全球供需平衡和需求管理三个关键模块的流程优化和系统支持，构建了全球供应链管理这一关键能力，从而使公司在个人计算机市场中获得了竞争优势。

关键能力的构建是一项涉及企业整体组织模式优化提升的复杂工程：不仅是某个人、某项活动的一次性优化，更是多个人甚至多个部门和组织的一系列活动的持续性优化。

内生性的关键能力在很大程度上决定着企业对关键资源的获取与掌控能力。因此，企业内部成员和组织应具有强大的持续学习创新能力，即企业要转变成一个学习型组织，塑造出有利于学习创新的内部文化和机制。

由于关键能力涉及企业内在的组织、文化等深层次内容，因此能够成为企业成功发展的独特基石，很难被对手模仿和复制。

以国内两大家电零售巨头国美和苏宁为例。前者通过持续性规模扩张实现销售业绩的增长，并以此挤压供应商的利益；后者则在过去几年将重心放在了企业物流网络和后台服务系统等关键能力的建设完善上。

国美通过不断的规模扩张为消费者创造了更多价值，但其落后的物流网络和后台服务体系也越来越成为单店效率提高的重要制约因素。

苏宁由于专注于物流网络、后台服务系统等核心能力的建设，拥有了更加强大的可持续盈利能力和竞争优势，推动企业迈入一个全新的发展阶段。

互联网信息化时代的到来使企业所处的商业环境发生了巨大变化：消费习惯不断改变，技术创新层出不穷，资源瓶颈日益凸显。商业环境的这些变化，必然要求企业根据自身发展情况和需求，基于客户、产品/服务、关键资源和关键能力等要素，打造出更具竞争力的可持续盈利商业模式。

CHAPTER 2

基业长青：企业盛而不衰、大而不倒的经营哲学

2.1 百年企业的长久之道：企业愿景的精神传承

2.1.1 企业文化 + 利润观 + 制度文化管理

每一家企业都希望能够保持长期稳定的发展，但对大多数企业来说这又是一项很难完成的任务，为此企业要付出极大的努力。

1. 百年企业的基础：文化

百年企业能够历经百年风雨而不倒，绝不是运气使然，将企业的文化赋予长久鲜活的生命力，是企业发展成百年企业的必备法宝。

没有文化底蕴的企业，不会获得长久的成功。缺少了文化底蕴的支持，企业会在发展中失去前进的动力，最终分崩离析，走向灭亡。

这是因为企业的行为不只是单纯的经济行为，企业在整体上是一个社会经济的生态系统，而企业文化在这个生态系统中扮演着至关重要的角色。正如著名学者弗朗西斯·福山指出：忽视文化因素影响更加突出，这不仅表现在“百年老店”本身就构成了一道历史文化风景线，而且表现为“百年企业”的形成必然是以独特的企业文化为基础。

2. 百年企业的关键：利润观

企业应该建立正确的利润观，这样企业才能走得更远、飞得更高。

企业想要达成的最终目标是什么？企业所追求的利润目标是什么？企业对自身的利润目标是否有科学健全的实践方式？企业的利润目标与社会利益发生矛盾时，企业应该怎么解决这些矛盾？这些问题的答案指向的正是企业的利润观，而系统科学、有引导意义的利润观，是企业迈向百年企业的坚实基础。

著名的研究机构兰德公司花费近 20 年的时间对世界 500 家大型企业经行跟踪调查，得出了百年企业的一个共性：不单纯追求利润，而是确立科学合理的社会目标。这个共性背后反映的是企业坚持的三个原则：

- 注重人的价值，人的价值始终高于物的价值。
- 集体的价值超越个人的价值。
- 社会价值高于企业价值。

这说明了成为百年企业，它们的经营方式与营销手段虽然会随着外部环境的变化而改变，但它们有着亘古不变、始终坚守的价值观。这些超越企业利润的价值观构成了百年企业的精神内核。

要成为百年企业，应遵循“以人为核心”“为社会创造价值”等基本原则，并落实到企业相关制度中，以规范化、透明化、责任化的态度履行好这些原则。

3. 百年企业的长久之道：制度文化管理

靠一个人几十年的寿命不能实现企业上百年辉煌的目标，只有通过建立长期传承的制度文化，才有可能将“百年企业”这个宏伟目标变为现实。

中国大部分企业尚不具备超越企业家生命周期的制度文化。在建立科学合理的企业制度文化方面，中国的企业还有很长的路要走。

2.1.2　百年企业成功的六大秘诀

事物的发展源于量变到质变的逐渐积累，在制造业上更是如此。中国制造业发展历史上利用极具创新力的营销手段迅速崛起的企业为数不少，但很多企业在几年之后面临衰落，企业规模大幅度缩水。

在全球贸易一体化的时代，想要成为国际制造业的巨头，企业首先需要找到国际上盛名已久的“百年企业”的发展秘诀。

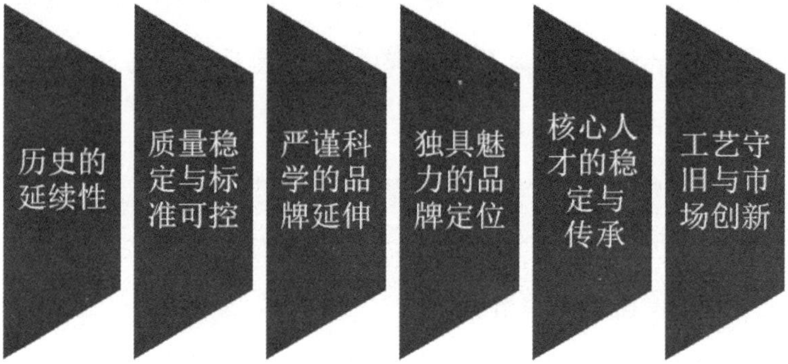

1. 历史的延续性

中国大多数制造企业是靠企业家的个人力量成功的，企业家个人的变故往往会给企业带来巨大的波动，企业的兴衰也往往依托于企业家个人的生命周期，这种对企业家过度依赖的企业很难成为百年企业。

通用电气是传承了上百年的跨国企业，能够传承至今离不开企业极强的历史延续性。

2. 质量稳定与标准可控

任何制造企业注重的无一不是产品质量，但是在面对利益的诱惑、公司规模急于扩张之时，不是每个企业都能够时刻把产品的质量放在首位。

没有严格的质量稳定体系与标准可控制度，制造企业等于是在走一条缘木求鱼、舍本逐末的不归路。百年企业始终严格恪守产品质量、坚决执行产品标准，因此在商海中乘风破浪，走向了成功的彼岸。

3. 严谨科学的品牌延伸

百年企业会始终忠于企业品牌，致力于打造长久、鲜活、有价值的品牌，注重的是质而不是量。

盲目扩大生产会使品牌的质得不到保障，进而影响到品牌的商业价值与企业口碑，最终只会失去消费者的信赖。IBM 在近百年的发展史上，只向用户推出了不到 10 个品牌，每个品牌都能够做到严谨细致、对用户负责，而这些品牌也都获得成功，为企业带来了巨额利润。

4. 独具魅力的品牌定位

独具魅力的品牌定位是百年企业的发展秘诀之一。

品牌的独到定位彰显着个性与魅力，会让企业声名远扬、历久弥新。

品牌定位应兼具持久、个性、真诚等元素，一旦定位便应坚定执行，企业也应根据品牌定位来塑造自身。

5. 核心人才的稳定与传承

企业的管理团队通常都是在流动中保持稳定，核心管理人员应共同为企业的运营与布局协同作战。

要做到这一点关键不是人的选择而是企业品牌价值所形成的文化累积。泉水之所以能够保持长久的清澈，正是因为有源源不断的活水注入，企业的发展与传承也是如此，有良好的人才传承机制才能使企业之泉永葆活力。

6. 工艺守旧与市场创新

工艺守旧不是对新技术的闭塞与排斥，而是对产品独特魅力的传承与保护，让企业的产品更具个性、难以被模仿。百年企业在工艺上的守旧是他们品牌长久发展的重要依托。

为了企业的生存与发展，守旧的同时也要不断创新，不断开拓市场，在保持企业品牌个性的基础上推陈出新。

中国的制造企业想要发展为百年企业，要有足够的耐性，在积极配合国家质量监管的同时要严于律己。在质量上秉持“没有最好只有更好”的理念，在忠于自己品牌的前提下，对企业的品牌精准定位，配以稳定中兼具传承性的管理团队文化，积极创新，为成为百年企业打下坚实的基础。

2.1.3 【案例】GE：百年通用的三大经营策略

美国通用电气公司的百年企业成长之路上处处彰显着无与伦比的企业魅力，在全球企业发展史上书写着浓墨重彩的一笔。

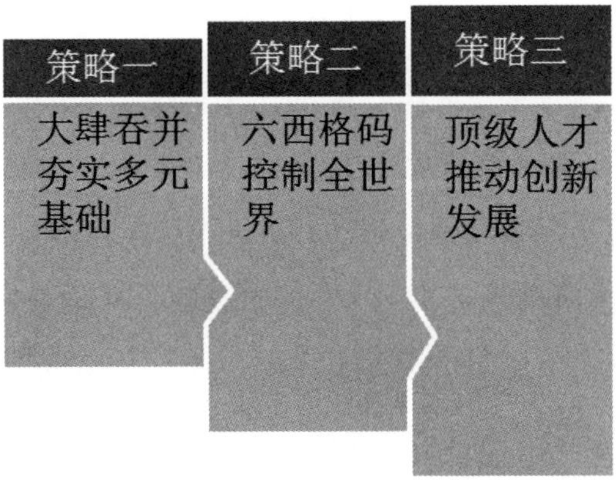

1. 大肆吞并，夯实多元基础

通用电气公司发展史上最重要的一环，当属对国内外企业进行大规模的并购，拓展企业的经营范围。

在通用电气公司完成一系列大规模扩张之后，一跃成为世界上最具实力的跨国企业之一，成为全球排名第一的多元化经营的跨国企业巨头。旗下的十多个业务集团在各自领域都属于佼佼者。通用电气公司自 1896 年至今一直被道 · 琼斯工业指数所收录。

企业的多元化发展在国际上一直是一个具有争议的话题，采取多元化经营的成功企业很少，幸运获得成功的企业也大都在经过发展的高潮期后走向了没落。以至于后来人们大都认为：企业想要有长足发展，必须对某一行业始终如一，将这一行做到完美，做到极致，才能达到成为国际巨头的目的。后来，微软公司的发展历程似乎也验证了这一理论，但通用电气公司仍坚持扩张，收购其他企业，走向了多元化发展之路。

2. 六西格码控制全世界

精确度可以达到 99.9997% 的“六西格玛”是通用电气公司采用的管理经营方法，每年通用电气公司要在推广培训六西格玛上花费将近 10 亿美元，刚入职的新成员前两个星期要做的就是接受六西格玛的培训。

据权威机构公布的数据，美国的企业由于质量问题每年有高达 15% 的收入流失，而通用电气公司通过实施六西格玛每年能够节省将近上百亿美元。

3. 顶级人才推动创新发展

产品的质量与公司的运营战略造就了通用电气公司长达百年的辉煌历史，而人才是这个伟大篇章的书写者，通用电气公司经过领导者的传承，成为屹立百年不倒的领袖企业。

通用电气公司的领导者在企业的发展过程中能够立足自身的品牌，与时俱进、推陈出新，使企业的发展更上一层楼，延续着每一任领导者的责任感与使命感，并以选择下一任合格的领导者为己任，这种强有力的传承，延续着通用电气公司的辉煌。

2.2 坚守核心价值观：伟大的企业靠伟大的构想起家

2.2.1 崇高的使命感：企业基业长青的根基

简单来讲，基业长青是指企业可以长期存在下去，基业长青的资产则指那些可以长期产生自由资金流的资产。而这里的“长期”是指要长于一般的投资周期。

正如一个王朝的缔造者希望他的帝国能够传至二代、三代甚至千万代一样，企业家也希望自己辛苦创立的公司能够传承。但是在这个危机无处不在、市场瞬息万变的互联网时代，企业极易迷失方向找不到出路。

从战略性的高度准确把握企业发展规划，平衡好即时问题和长远发展，是企业实现基业长青所需要面对的首要问题。

企业虽然是以逐利为最终目的的社会组织，但经营企业绝不仅仅是为了盈利，更是一种对个人、团队甚至整个社会的责任和使命。正如吉姆·柯林斯在畅销书《基业长青》中的名言一样：“创建一家恒久的伟大公司，一个真正值得长青的基业，乃是崇高的使命。”拥有高度社会责任感和使命感是企业长远经营之道，将业绩与成长视为实现基业长青的手段而非目的。

作为一个有着近百年历史的高科技服务公司IBM，是如何在新时代创造出一个为员工和社会所认可的核心价值的？用一句话概括，就是充分调动了员工积极性和参与热情，发挥集体智慧的优势。

2003 年 7 月，IBM 对全球的 30 多万名员工发出了意见征求信息，让员工用建议或者批评的方式告诉公司在新世纪应该打造何种适合企业的核心价值。通过这种方式，IBM 在短短三天里收到了 42 000 名员工的意见和建议，并筛选出来约 9 000 个较有价值的方案。

最终，经过整合浓缩，IBM 提出了三个核心价值：

一是在追求业绩、成就自我的同时，更重要的是帮助客户成长、成功，成就客户。

二是作为一个高科技企业，研发是生命线，但我们追求的不仅仅是公司的创新，更重要的是全社会和全人类的创新。

三是以和谐诚信为基准处理各种关系，不仅是人与人之间的和谐诚信，更重要的是公司能够赢得发展所在地政府、社会和民众的认可和支持。

企业是社会中的企业，必然立根于具体的社会环境中，也不可避免地会与整个社会发生关联。因此，基业长青不仅仅是企业自身的事情，还要受到整体环境（国内甚至国际环境）的影响和制约。

2.2.2　保持核心，刺激进步

要在互联网时代实现基业长青，企业需要在坚守核心价值观的同时随时准备改变自身，接受不断出现的新鲜事物（技术、经营理念、商业思维和模式等），以应对外界不断变化的考验和挑战。

简单来讲，就是企业必须采取一系列措施，以“保持核心、刺激进步”。

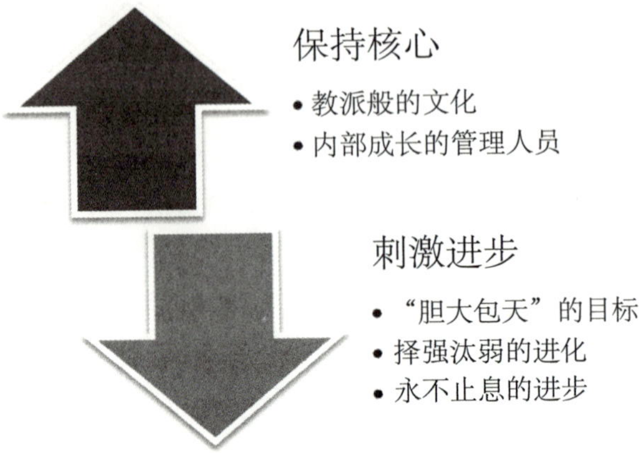

1. 保持核心

（1）教派般的文化。

拥有独特的核心价值观是一家企业能够在竞争激烈的商业市场中占有一席之地的关键因素。因此，任何一个具有战略眼光的公司都会严格筛选具有绩效且高度认同企业核心价值观的员工。

从这一点上说，那些高瞻远瞩的公司表现出了强烈的“教派特质”（强烈的价值认同）。企业教派般的文化围绕企业的核心价值观，通过创造各种环境来不断强化员工对公司核心价值观的认同和传承。

要塑造有利于企业核心价值观认同和传承的环境，从招聘阶段就向员工灌输公司文化，宣传成功人物和事迹，建立培训中心甚至内部大学，以独有的语言增强员工的认同和归属感。

（2）内部成长的管理人员。

相比于从外部聘请的管理人员，企业自己培养和提升的管理人员对公司更加忠诚和认同；另外，与从外部引进高层人员相比，从内部选拔提升一般不会引起公司人员的抗拒，还能以此刺激员工的积极性和进取心。

因此，一个有远见的公司往往很早（如高层人员刚上任或退休前的几年乃至十几年）就会构建健全的管理人员培养规划，以保证企业核心价值观的传承。

2. 刺激进步

（1）“胆大包天”的目标。

一个符合企业核心价值观的目标配以冒险性和刺激性将极大地激发员工的积极性、进取心和自信心，促使所有人团结起来共同奋进。

> 韦尔奇规定每一个事业部除非能够做到业界的前列，否则就必须被淘汰。这极大地敦促了员工和各个部门的努力进取，从而刺激企业进步。更重要的是，这种方式也许是由某个魅力型领袖首先倡导，却绝不会因为这个领袖的离去而失效，因为以“胆大包天”的目标刺激进步主要靠的是企业稳定的运行机制而非易变的领袖人物。

（2）择强汰弱的进化。

如果说以“胆大包天”的目标刺激是一种突变式进步的话，那么除了这种目标明确但无法连续施行的方式以外，优秀的公司还会有促进企业择强汰弱的进化式进步。

这种进化式进步也许没有突变式进步的跳跃式发展效果，却贵在能够实现企业细水长流式的持续发展。这种择强汰弱的进步不仅是领袖的高明远见和企业战略性规划的结果，更是一种融入公司制度化程序的功能：在不断的试错中抓住每一个机会，坚持与核心价值观相符的优秀部分，改进甚至放弃背离的部分。总而言之，进化式进步是各种行为综合作用的结果，有着制度化的基本流程。

企业之所以能够基业长青，是因为能够构建各种机制来触发择强汰弱式进化的出现并善用这种方式，以此实现企业的长久进步。

“突变机器”3M公司允许科研人员在自己主动选择和提出的计划上占用最多15%的工作时间；并且在成功推出一种产品交由部门经营后，有机会把这一产品视作自己的计划。正是这种机制塑造出了一种充分竞争并能激发员工潜能的企业氛围。

（3）永不止息的进步。

“骄傲使人落后，谦虚使人进步”，一个高瞻远瞩的企业永远不会认为自己已经做得足够好，而是不停地自问“我们如何做才能够让明天比今天更优秀？”这种永不满足现状的反思态度不仅是公司领导者的事情，更要通过各种强有力的机制将其内化为企业每一个员工的责任，以此不断刺激变革和进步。

宝洁公司的内部品牌竞争机制、摩托罗拉的“创新或死亡”机制（不断抛弃已有的成熟产品以刺激创新）以及惠普的“量入为出”机制（高度节俭和效率经营的小公司模式）等，都是这种永不满足、严于律己心态在实际运营层面的反映。

2.2.3 追求持续的协调一致

坚守核心价值观的同时又能够不断刺激进步，这就需要企业通过各种机制将其融入企业基因中，与目标、战略、文化、管理等相结合，使其制度化并维持协调一致。

以华为为例，其管理者任正非给人的印象是个性鲜明。在任正非的带领下，华为的管理由“人治”模式逐渐走向成熟的制度化模式，在通信设备生产、销售和质量控制方面均达到了很高水平。

华为是 100% 由员工持股的公司，公司的最高权力机构即股东会，对公司增资、利润分配、选举董事 / 监事等重大事项做出决策；股东会下设董事会与监事会，其中董事会领导下的 CEO 实行轮值制，轮值期间对公司的生存发展负责。自 2000 年起，华为聘用毕马威作为独立审计师，负责对公司的财务报表进行审计。在公司组织架构和运作模式的基础上，华为又设计并实施了适用于全公司与全流程的内部控制体系，涵盖控制环境、风险评估、控制活动、信息与沟通、监督以及财务报告六大对公司发展至关重要的环节。

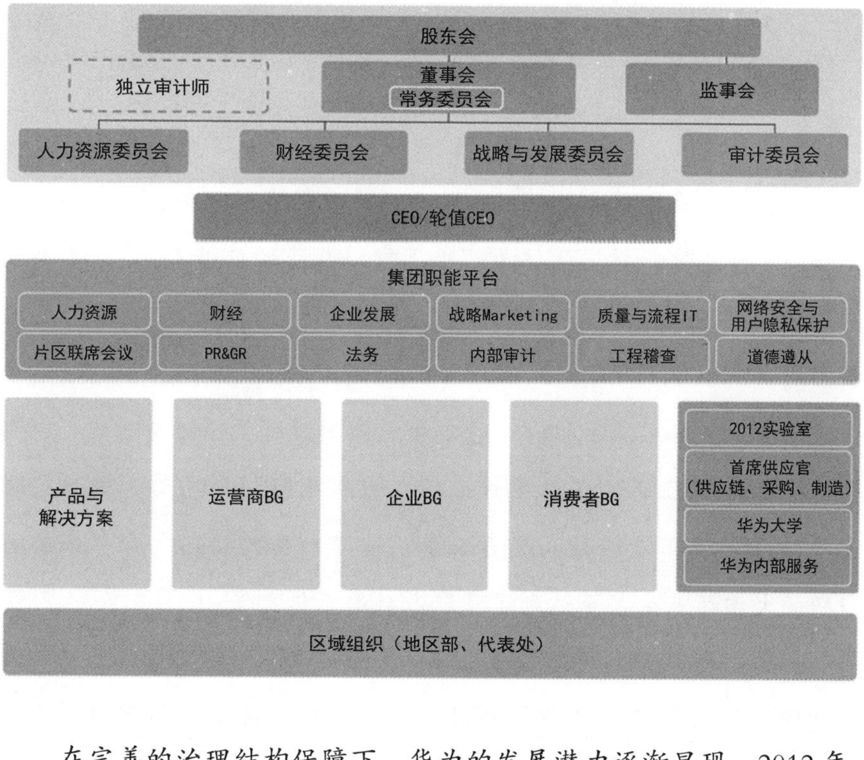

在完善的治理结构保障下，华为的发展潜力逐渐显现：2012 年，华为成为了仅次于三星和苹果的全球第三大智能手机厂商；2016 年，在全球 100 个最具价值品牌排行榜中，华为排名第 50 位。

企业的基业长青固然需要适宜的外部环境，但更多的是需要企业自身的努力。企业不仅要满足员工的利益诉求，更应该让员工在工作中感到有尊严和幸福。另外，一个有责任感和使命感的企业，还应该满足社区、分包商等“大多数人”的需求。让员工以及社会认可企业的核心价值观，企业才能持续发展。

令人惊讶的是，往往是一些不起眼的小公司能够更好地完成自己的社会责任和使命。在下面的案例中我们可以看到，5 家拥有高度人性化企业文化的日本中小企业，其名声虽然无法与丰田、索尼相比，却都实现了公司业绩的长久增长，做到了基业长青。

·日本理化学工业：在 70% 的员工是残障人士的情况下坚持了 50 年的承担与守望。

·杉山水果：只做限量精品。为了保证品质，甚至婉拒 1 亿日元的订单，让顾客不得不称赞“成为你的客户是我的光荣！”

·中村复健器材：被誉为“世上唯一真正的创造产业”，不断研发新产品以便能够为每一种哪怕人数极少的弱势群体定制专门的辅助器材。

·柳月：这家位于北海道的小甜点铺不但对于任何特殊的定制都尽力去做，而且通过在社区建立的“甜点花园”每周都为邻里提供免费的甜点。正是这种高度责任感获得了社会的认同，每年来公司应聘的大学毕业生甚至达到了录取人数的百倍之多。

·伊那食品工业：以“为员工的幸福而经营”为宗旨，坚持“没有竞争的经营”理念，积极与社区融合，把厂区当作公园对民众开放以供人们休息玩乐，以此赢得了社会的认可和赞同，实现了连续 48 年的成长。

正是这种高度社会责任感和使命感的文化理念，让企业拥有了高瞻远瞩的战略眼光，使企业和员工实现了共同成长，从而做到了企业经营的持续增长和基业长青。

2.3 经营的本质：企业如何在商业大潮中屹立不倒

2.3.1 重新理解“百年企业”的精神内核

成为百年企业，对企业来说是一个美好的愿景。国外不乏百年企业案例，在中国却屈指可数。由于中国独特的历史文化、内在成长环境，国内企业完全借鉴国外的经验是行不通的，必须创新，研发一套适合自己的切实可行的企业管理方法，只有这样，才能将百年企业的美好愿望变为现实。

美国管理学家伊查克·艾迪思曾说过，管理的本质不是营造一个根本不存在的“问题”，而是解决现实存在的问题，引导企业实施富有灵活性和控制力的战略。同样，对于企业管理者来说，科学管理的关键不是解决所有问题，而是集中注意力解决当前的重要问题。这样，企业就能在最短的时间内以最快的速度成长起来，从容地面对下一个阶段的问题。

1. 成为百年企业需要坚守原则

美国的兰德公司为了研究世界百年企业长盛不衰的原因，曾花了 20 年追踪世界 500 家大企业，发现这些百年企业在追求利润的过程中，更加注重关心社会，并且坚守原则，将社会利益放在首位。

由此可以看出，虽然为了应对复杂多变的商业市场而不断改变应对策略，但有一点却没有变，就是它们始终以社会的价值为企业的最大价值。

2. 成为百年企业是件非常困难的事

美国《财富》杂志的调查数据显示，美国中小企业平均寿命不到 7 年，只有极少部分企业能存活 50 年以上。

虽然大企业凭借其规模优势存活时间比中小企业长，但平均寿命也不足 40 年；跨国企业虽然能整合全球资源，但平均存活时间也只有 10 年左右；世界 500 强企业的平均存活时间是跨国企业的 4 倍左右，世界 1 000 强企业的存活时间是跨国企业的 3 倍左右。

美国波士顿咨询公司对世界 500 强企业研究发现，曾在 20 世纪 50 年代建立的 500 强企业，到了 90 年代只剩下 1/2，70 年代建立的 500 强企业到了 90 年代只剩下 2/3。

在中国，企业的寿命更短暂，中小企业平均寿命仅为 2.5 年，集团企业的平均寿命为 7~8 年。美国每年倒闭的企业约 10 万家，中国每年倒闭的企业约 100 万家。可见，要成为百年企业是一件非常困难的事。

3. 此“百年”非彼“百年”

在当前的信息社会，巨大的信息量以及先进的科技水平和快速的发展速度，是过去无法比拟的。以现在科技的发展速度，我们可以猜想接下来 20 年的发展成果可以抵得上过去一百年的发展成果。

这个世界唯一不变的就是变。当今世界已经进入了竞争的新阶段，不仅有同行业之间的竞争，还有跨行业的竞争。随着科技水平的提高，信息的获取渠道多样，获取手段简单，使得掌握大量信息的企业不一定是成功的决策者，虽然海量的信息在一定程度上可以提高决策的质量，但不是必然成功。成功的决策还需要管理者灵活的思维以及更为全面的思考能力。

企业生存的外部环境不断变化，让企业无规律可循，无法预见企业在未来几年的发展成果，一切都成了未知数。在过去，企业可以根据一些信息确定未来市场的发展大势，在很长的一段时间内不需调整战略，但在今天，我们必须在最短的时间内做出最完美的方案来应对变化。

实际上，并不是表面上存活了一百年就可以称得上是“百年企业”。拿一个包子铺来说，如果它每天都制作和出售一定数量的包子，一个也不多卖，那么一百年后，它还是一家跟一百年前一样的包子铺，也称不上是百年企业。

由此，我们可以看到“百年”并不是一个简单的时间刻度，它还有深层的含义。包子铺没有成为百年企业，源于它只是存活了一百年，而规模没有扩大，没有充分实现它的社会价值。

百年企业的价值一直被人们争论，有些人认为企业在短时间内迅速成长并创造财富就是它的社会价值，就像微软一样。但是，更多的人认为百年企业应该是学习型、创新型的企业，强调激励学习的重要性。鼓励他们的员工不断创新，运用科学的方法努力工作，同时还要加强对企业文化的学习，提高员工的整体素质，在不断创新中实现企业利润的增长、财富的增加。

由此可见，一个真正的企业，它所关心的不仅仅是发展多久的问题，更是如何长久地发展，在存活的时间里又实现了哪些社会价值。正如一个人所应关心的并非单纯的生命长度，而更应关心的是生命的宽度，如何在有生之年实现自身的价值。

2.3.2 如何实现企业的基业长青

伊查克·艾迪思曾经花费了大量时间来研究企业，试图寻找企业生存发展的规律。他把企业看成一个人，将其发展周期分为十大阶段：孕育期、婴儿期、学步期、青春期、盛年期、稳定期、贵族期、官僚化早期、官僚期、死亡期。

目前，我们的企业大多处在前三个阶段，要想进入盛年期，还需要不断进步。

1. 人是管理的本质

在中国的企业中盛行一种观点，认为企业管理重要的是原料、资金、产品质量，而常常忽视人的重要价值，没有认识到管理活动应该围绕着“人”来展开，并通过人的活动实现管理的目的。人不仅是管理的起点，也是管理的终点。

一家企业要想在众多竞争者中脱颖而出，仅凭原料和资金是不能实现的。公司应该认识到人的作用，在管理的过程中充分尊重员工的个性发展，鼓励他们学习创新。

美国的詹姆斯·C·柯林斯在《基业长青》中列举了这样一个例子：一个企业的总裁被询问如果他的售货员接到不合理的退货要求时会怎么做？总裁没有给出具体的回答，而是说那个售货员会给客户满意的答复。这就是一个企业的文化。

如果一个企业没有文化，只依靠烦琐的规章制度，那么这个企业的员工在遇到这种情况时，肯定难以处理得让客户满意。规则只是限制我们不该做什么，而不能告诉我们应该怎么做，但企业文化却能告诉我们应该怎么样做。

2. 打造生态系统和生命系统

中国有许多企业一夜之间成名，企业品牌广为人知，但又在很短的时间内迅速破产。在一定程度上，这些企业可以说是成功的企业，它们在短时间里凭着优质的产品吸引了众多客户，在市场竞争中抓住了机遇，迅速成名，但是想要持久发展，仅凭单一的产品功能、稀缺的资源优势以及机遇是不可能实现的。

企业想要实现可持续发展，必须在理论高度上解决两个问题：第一，自我颠覆，重新思考企业的发展战略、企业文化核心以及未来使命，为可持续发展提供理论支撑；第二，全面规划，企业的管理者对企业的发展有一个整体的设想。

很多传统企业家凭借敢打敢拼的个性、较高的文化素质以及政府的优惠政策在市场占据一席之地，但是由于缺少专业的经营管理经验，他们的企业很难实现可持续发展。

企业的存活时间取决于两个系统——外部的生态系统和内部的生命系统，而管理是连接这两个系统的桥梁。衡量管理的好坏没有一个确定的标准，而是要看管理在实际操作中是否与公司的发展、企业文化相匹配。

统观影响企业的两大系统，可以总结出影响其发展的具体因素主要有：政策、产业的变迁、社会风俗、历史文化、社会使命、客户、竞争对手等的外部因素，以及企业决策、各部门执行、人力资源、管理组织、企业文化等内部因素。在明确影响企业发展因素之后，企业应找到合适的管理方法。

2.3.3 百年品牌的生存法则

国际上各个行业的顶尖品牌往往是生存时间最为长久的品牌，比如奢侈品行业的顶级品牌爱马仕成立于1837年，豪华汽车领域的布加迪成立于1909年，英国皇室的高档餐具提供品牌Wedgwood成立于1759年。

这些有悠久历史的品牌不但能够基业长青，还能在经济不景气的时期保持稳定增长。比如，爱马仕在全球经济萎靡的情况下，销售额还能保持一定的增长；1990年日本经济危机期间，破产倒闭的企业有20万之巨，而历史悠久的品牌中，30%的品牌销售额能保持增长，80%的品牌经营良好。

这些百年品牌往往有着自己独到的经营策略，能够紧跟时代的变化，快速更新换代。正如美国福特汽车公司的创始人亨利·福特所说：人们只想要一匹更快的马，而我给了他们一辆车。

紧跟时代的同时，还需要不忘初心。成立于1899年的可果美公司从成立至今只生产与西红柿相关的产品；同一年成立的日本牛肉饭品牌吉野家则做了一百多年的牛肉盖浇饭；IBM虽然历经了穿孔卡片设备、商用打字机到个人计算机的生产，最后到软件服务咨询，但这些都显示了 IBM 专注“智慧生活”的理念。

从全球范围来看，日本和欧洲的百年企业数量较多，其他地区相对较少。那么，那些长寿品牌究竟靠什么魔力屹立百年不倒，并持续吸引着一代又一代的消费者呢?

1. 不忘初心

品牌创始人对品牌内涵的影响通常十分深远，创始人的风格、人生态度、兴趣爱好等都会在品牌中有所体现。

著名的奢侈品品牌香奈儿的创始人可可·香奈儿，因其鲜明的个性和传奇般的人生经历为香奈儿品牌赋予了独特的魅力。比如她著名的口头禅“流行稍纵即逝，但风格永存”，现在仍被香奈儿的管理者奉为经典。香奈儿现任创意总监卡尔·拉格菲尔德就一直遵循着这句经典之言，并以其标志性的装束时刻践行着这一理念。

如果一个品牌的传承者始终能够“不忘初心”，将这些理念代代相传，那么品牌创始人所确立的品牌定位与文化便能够沿袭下去。比如，世界十大名表品牌之一的百达翡丽就拥有流传了上百年的价值观，期间的历任掌门人也都坚守着传承下来的理念，他们对表本身的钟爱远大于金钱。

2. 专注

很多百年品牌通常只有一个核心点，就如百达翡丽的前董事长菲利普·斯登在面对其他公司要为百达翡丽做配套的钻石、香水等产品时断然拒绝一样，不再专注的百达翡丽就不是百达翡丽，那样的情况不是企业所希望看到的。

这些企业的专注使它们品牌的精细程度与科技含量不断提升，进而在行业中拥有绝对优势。

法拉利从品牌创始人恩佐·法拉利开始一直坚持做双门跑车，保持着纯正的赛车血统。即使面对保时捷为代表的SUV浪潮的不断冲击，法拉利全球首席执行官费立萨仍坚定地向外界表示“法拉利不做SUV和四门轿车”。

法拉利大中华区执行总裁范艾闻曾经对此进行过解读：不断满足人们对于跑车的需求是他们的唯一目标，而且永远不会结束。

专注使消费者能更清楚地了解品牌定位，正如范艾闻所说：当我们去一家以鱼为主题的餐厅时，我们不会去点猪肉之类的菜，我们只想吃到味道最纯正的鱼。这和法拉利只生产顶级跑车是一个道理。

3. 营造专属感

爱马仕与百达翡丽等顶级奢侈品品牌推出新品的时间往往比其他品牌要长得多，它们宁愿为了保证质量去放弃一部分利益，这不仅是为了保证产品品质，更是为了让消费者对购买到的产品拥有专属感。

法拉利的消费者有时为了购买到心仪的汽车要等待两年时间，但是这些车主很愿意等待，因为他们所拥有的将是全球限量的真正私有产品。

对法拉利品牌的粉丝而言，法拉利拥有其他品牌汽车无可比拟的魅力。法拉利所有汽车的生产地均位于意大利马拉内罗（Malanello）小镇的法拉利总部，而拥有超大马力的引擎更是法拉利跑车的一项独特标志。

法拉利跑车的引擎来自于不同的模具，而这些模具不是机器制作出来的，而是经过手工一一打磨出来的，每个配件都是绝无仅有的手工制作。这使得法拉利的发动机与众不同，绝不是流水线上生产出来的产品所能比拟的。

另外，法拉利车身的制造厂实际上可以看作是法拉利设计师们的艺术工作室，法拉利的车身流畅而美观，堪称空气动力学上的杰作。可以说，法拉利不仅是在造车，更是在完成一件件艺术品，每一辆法拉利跑车都是工程师们的呕心沥血之作。

产品是品牌的核心所在，耗费时间及精力制作的产品必然值得消费者去等待，爱马仕为了保证品牌在行业内的领先地位，不惜人力、物力去澳大利亚、巴西等地寻找最好的原材料，有时还要自己喂养鳄鱼来保证手袋的质量。

4. 选对 CEO

百年品牌的发展之路从来不是一帆风顺的，一样会面临许多危急时刻，一些品牌为了渡过难关甚至几经易主。

1990 年，布加迪的商标所有权被意大利工业家罗曼诺·阿蒂奥利买走，在意大利重建布加迪汽车公司，并生产了 EB110 系列超级跑车。但是由于经营问题，1995 年企业宣布破产，直到 1998 年被德国大众集团收购以后，才算基本稳定下来。

从上面的案例不难发现，一个企业要想获得长远的发展首先应该具有一定的盈利能力，只有这样辛苦经营的品牌才不会落入他人之手。目前国内外百年企业的运营机制通常是“董事长 +CEO”模式，董事长一般会从了解品牌历史和文化的家族继承人中选择，而 CEO 则需要是掌握企业管理经营技能的人。

一个企业的 CEO 至关重要，这个 CEO 的选择不一定局限于本家族成员。爱马仕的 CEO 帕特里克 · 托马斯就并非来自爱马仕家族，百达翡丽也有非家族内部的成员担任过 CEO。

5. 跟上潮流

如果认为百年品牌都是顽固呆板、不能跟随潮流的，那就大错特错了，在面临转折的时刻它们往往会有一番创新性的变革。

2012 年 5 月，香奈儿一改其成立以来只选择女星作为代言人的传统，宣布布拉德 · 皮特将成为香奈儿 5 号的代言人，并且他也成为第一个代言女性香水的男性。不仅如此，第一次混合型香水、第一次以数字命名、第一次瓶身的极简设计等诸多的开创之举，使得香奈儿 5 号完成了传承经典但又不守旧的使命。

博柏利的首席创意官克里斯托弗 · 贝利无时无刻不在追赶潮流，几乎永不摘下的耳机时刻听着音乐，社交媒体 Facebook 账号也永不下线。博柏利的百年老店被他筑造成了“未来世界的时装店”。在英国摄政街上的旗舰店中，将近 100 块隐形屏幕给这个店面带来了超越时空的体验，手提袋可以通过屏幕显示出手工制作的影像，风衣可以通过穿衣镜显示出超模在发布会穿这款风衣的效果……这里也没有了传统的收银台，只需要轻松几步，顾客就能在喝咖啡之余同店员完成交易。

可以说，这些企业非常懂得如何维持百年品牌，保持经典而又能开创性地加入一些潮流元素。

6. 吸引新生代

百年品牌昂贵的价格似乎向我们表明了它们只是有钱人的专属，但是事实并非如此。法拉利把自己的用户定位为两类人，即顾客与粉丝，他们对粉丝们所耗费的精力远超过在顾客上的投入。法拉利不打广告，但他对吸引粉丝很有一套。

2011 年至 2016 年，每年夏季法拉利赛道日嘉年华活动都会在上海国际赛车场举行。在这一法拉利为车主和车迷们举办的年度盛宴上，数万名车主和车迷涌入赛场。

2014 年正逢中国的马年，为了与中国传统文化相结合，法拉利发布了“跃马之年·马到功成”专属徽标，此徽标一方面呈现了法拉利延续多年的精神传承，另一方面也体现了中国文化的博大精深，得到了中国法拉利粉丝，尤其是年轻粉丝的追捧。另外，该年嘉年华活动期间，法拉利车手学院还宣布正式签约首位中国年轻赛车手周冠宇。

中国的年轻赛车手作为法拉利车队的一员在 F1 赛场上拼搏的同时也成为法拉利品牌的最佳代言人。

虽然以上举措在短期之内很难见到收益，但是通过这些活动吸引粉丝群体会为品牌带来光明的前景。

2.3.4 【案例】青岛啤酒：百年老店的年轻品牌

在中国的百年企业中，青岛啤酒股份有限公司（以下简称青岛啤酒）占有一席之地。青岛啤酒总裁孙明波认为：青岛啤酒能成为一家有百年历史的企业，依靠的是创新。创新是不断推陈出新的过程，这会使企业历经多个时代而长存。

青岛啤酒的蓝图规划是“成为拥有全球影响力的品牌国际化大公司”，而创新是青岛啤酒能够发展百年的重要原因，也是未来能够可持续发展的关键。创新能够创造巨大的活力，是企业文化的重要组成部分，也是实现企业发展的重要保障。

创新主要体现在三个方面：全面性创新、持续性创新和开放性创新。

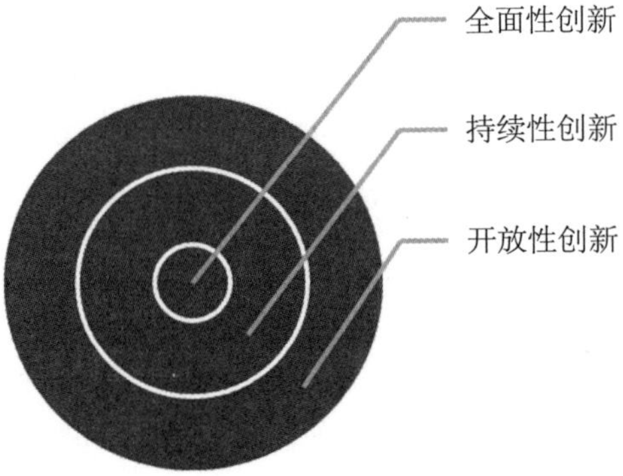

·全面性创新，不仅是产品的创新，还包括其他方面的创新，如技术、管理、文化等。

·持续性创新，是指不局限于当前阶段，而是一个长期的发展战略。

·开放性创新，不是公司内部的创新，企业要发展就不能闭门造车，还要打开大门走出去，与其他企业交流，共同创新，吸引更多人才，以人为本。如果青岛啤酒只局限于在青岛本地发展是不能实现成为国际化品牌大公司的目标的。

衡量企业是否是跨国性大企业的标准，不是产品在多少个国家有售卖权，而是这家公司是否能吸纳人才，能否尊重人才的个性、发挥人才的优势。说到底，也就是是否以人为本。青岛啤酒将营销中心设在上海，吸引各类人才，同时将留住人才与革新企业文化相结合，以提升企业在国际上的地位。

青岛啤酒开放性创新的一个重要表现就是高管成员来自五湖四海，青岛啤酒利用广为人知的品牌和企业文化包容性的优势吸纳众多人才加入。青岛啤酒是一家重视员工业绩的企业，员工的工资与自身能力成正比，多劳多得。

青岛啤酒在面试应聘者时主要看两点：

一是应聘者的价值观是否与公司的价值观相吻合。只有认同公司价值观的应聘者，才会在日后的工作中以公司的利益为重，将实现公司价值放在首位。

二是应聘者必须有较高的工作素养，这样才会给公司创造更高的价值。

如同电子产品一样，在利用技术更新了产品功能之后，还需要有销售的渠道，产品只有销售出去才完成了自身使命。啤酒也是如此，在生产出新产品之后，也需要有一定的营销手段让客户来了解产品，进而进行销售。

进行产品销售首先要考虑的是消费群定位。啤酒主要向年轻人销售，再联系年轻人喜欢冒险、跟潮流的特点，青岛啤酒有针对性地制定了市场策略，进行产品的研发创新。十年前，青岛啤酒通过市场调研发现，消费者的喜好变了，更喜欢酒精度数低的啤酒，于是，青岛啤酒在2008年奥运会期间推出欢动啤酒。

啤酒行业每年都会有新产品推出，但是由于营销没有做到位，技术也存在一定的缺陷，导致这些新产品无人知晓。在这些新研发的产品中，有一部分被消费者接受。

青岛啤酒与日本朝日啤酒合作，利用合作伙伴的优势，从欧洲引进先进的设备和技术，并将工厂设在了劳动力资源丰富的深圳市，生产出了无菌高端产品——青岛纯生。青岛纯生之所以能在啤酒市场占领一席之地，很大原因在于它的新鲜度，青岛纯生和其他啤酒的区别就如同刚采摘的水果和从冰箱里拿出的水果一样。

2010 年 9 月,逸品纯生啤酒横空出世,将消费者定位于成功男性，价格也比普通啤酒高。逸品纯生选用顶级的发酵原料和高于普通啤酒的低温发酵期，保质期也比一般啤酒长，在产品的包装设计上也下了一番工夫。在逸品纯生之前，青啤还推出过奥古特，属于高端产品，市场销量比较可观，从澳大利亚进口原料，酒精度数较高。

在产品创新上，青岛啤酒致力于打造高端、健康产品，开始研发低度数、低嘌呤的啤酒。相比于青岛啤酒曾经生产的酒精度低于 0.5% 的无醇啤酒，青岛啤酒现在研发的 0.0 啤酒不含酒精，但又不影响啤酒的口味。与此同时，青岛啤酒还在研发低嘌呤啤酒，使啤酒不再危害人的身体机能。

在技术创新上，青岛啤酒以“低碳环保”为宗旨。通过对其下属工厂进行环保查核、重点项目专门治理以及专家帮助等多种手段，打造低碳生产。

CHAPTER 3

顶层设计VS百年战略：实现企业永续经营的基石

3.1 赢在顶层设计：打造百年企业的战略思考

3.1.1 百年企业具备的四个要素

2008 年 9 月，一次大型收购在中国掀起轩然大波，82.3% 的网民都对这次收购持反对态度。这就是曾闹得沸沸扬扬的可口可乐公司以 24 亿美元全资收购汇源果汁事件。

虽然这一收购最终被我国以反垄断法为依据予以否决，但该事件引起了国人关于本土品牌意识的思考。

“打造中国本土品牌”是我国企业在 20 世纪 80 年代就提出的口号，海尔、联想、长虹等纷纷提出“打造百年企业”的目标，致力于创办“长寿名店”，为本土品牌的发展开拓道路。

然而，口号易喊，怎样才能实实在在地打造出百年企业呢？很多企业还处于一个茫然的状态。

依据国际惯例，成立时间超过 50 年的企业就可以称之为长寿企业，而真正存活超过 100 年的企业很少。国外研究机构曾经对世界上百余家百年企业进行了详细调查，并且将其与同类型但已经倒闭的企业对比分析，得出百年企业应具备的四个要素。

- 敏锐察觉环境变化，因时制宜
- 不断提升企业归属感，以人为本
- 倾听团队意见，兼容并包
- 保障财务运行稳健，心境平和

1. 敏锐察觉环境变化，因时制宜

面对日益更新的科技、变化莫测的市场和愈加挑剔的消费者，企业只有及时调整发展战略，才能不被市场淘汰。

尤其是在世界经济全球化、一体化发展更为迅速的今天，区域化和网络化逐渐凸显，凡是能够在这样的经济大潮中留存下来的“百年企业”，都能够敏锐地察觉环境变化，因时制宜地调整发展策略。

2. 不断提升企业归属感，以人为本

“人”是一切组织生存和发展的根本，于国如此，于企业亦是如此。企业文化是其发展和传承的支柱，许多百年企业都通过团队精神塑造、经验学习、知识分享等途径来打造并在后期不断完善和丰富着企业文化。这种企业文化经每一代管理者之手延续下去，成为百年企业发展的根基。

3. 倾听团队意见，兼容并包

成功的百年企业，在其发展过程中能够很好地倾听团队的意见，做到去糙取精、兼容并包。因为只有不断鼓励创新，敢于承担风险，企业才能不断焕发出新的生机，以重义轻利作为企业精神，保障企业的长远发展。

4. 保障财务运行稳健，心境平和

从百年企业的财务运行中可以发现，资金使用遵循一个基本原则，即保证资金来源的可持续性，而且现金流量始终保持在能够及时应对突发情况的范围内，因为现金流量是决定企业存亡的关键。

百年企业的发展历程从不缺乏冒险行为，但这些冒险都是有据可循的。无根据的冒险是盲目的，不符合企业稳定发展的规律。这些企业能够在投资、创业等环节中保持心境平和，不骄不躁，不急功近利、急于求成，对于自己该冒什么样的险、该怎样去冒险、冒险目的是什么，都有很清楚的认知，并能够尽量避免对企业造成重大打击的风险。

3.1.2 从企业生命周期看百年企业

美国人里查克 · 爱迪斯在《企业生命周期》一书中把企业的生命周期分为10 个阶段，包括萌芽之初的孕育期、婴儿期和学步期，发展及繁荣之时的青春期、盛年期和稳定期，以及发展后期逐渐走向衰落的贵族期、官僚化早期、官僚期和死亡期。这是他用了 20 年的时间对企业产生、发展、衰落、灭亡所进行研究的结果。

爱迪斯通过对企业在各个时期的特征概括以及规律总结，绘制出了企业的生命周期曲线。此外，他还对企业在不同发展阶段可能出现的问题以及应对策略提出了自己的见解。

从理论上来说，这条企业生命周期曲线的整体路程是很长的，但是有太多企业没有走完整条曲线就消失了。

爱迪斯认为，企业在不同发展阶段都面临着具有阶段特征的风险和困难。

民营企业在成长阶段往往会遇到家族式管理方式的局限，这种管理方式打散了一个团队应有的一些素质，比如公平公正、创新激励、兼容并包，缺乏科学的制度体系和授权制度，没有长久发展的战略目光。到了青春期，民营企业

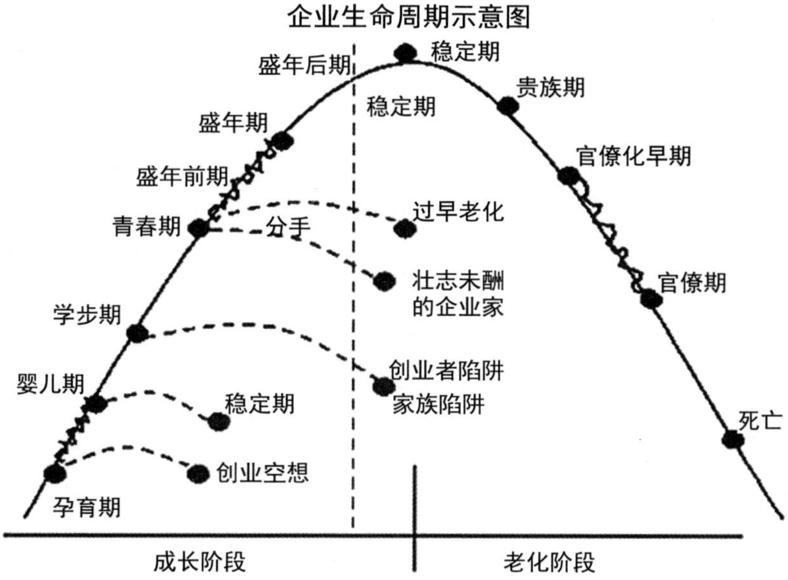

图片来源：MBA 智库百科

又会面临从创业型向管理型转变的困难，企业文化的重塑、企业管理层的内耗以及企业新管理规则的实施会给企业带来巨大的压力，再加上该发展时期容易产生“年轻气盛”的情绪，企业容易因为自满而采取一些激进措施。

对于国有企业来说，不够精细化的管理是阻滞其发展的主要因素。另外，人才培育机制不完善，组织制度和管理制度僵化等，都是企业可能停滞甚至衰退的陷阱。

在整个企业的生命周期曲线中，壮年期虽然并非处于巅峰时期，但对企业的整体成长来说，仍然是相当重要的阶段。处于这一时期的企业容易陷入一种“经验误区”，即过分依赖经验，注重表面化，不愿意承担创新和创业的风险，这样一来就会阻碍创新机制的成长，企业无法持续焕发活力，从而走向衰退。

企业生命周期曲线理论把企业看作是一个活的有机体，需要其在生存的不同阶段采取相应的管理机制。而这种动态管理要求管理者必须与时俱进，具备创新思维，能够敏锐感知时代变化和企业发展变化。

3.1.3 打造百年企业的途径

从企业生命周期曲线可以看出，企业在发展过程中必须根据所处的阶段和遇到的问题对企业的发展战略和管理机制进行修正，使企业规避风险，增强生命力。总的来看，要打造百年企业，需要经历以下过程。

1. 稳定中求发展

企业生命周期曲线有起有伏，但是从整体来看是一个长期的过程，制定一个长期的、相对稳定的策略对企业来说就如同掌握了船的主舵，有了一个稳定的发展方向。而企业的发展过程是循序渐进、一步一个脚印的，不能任意地跨越某个阶段进行跳跃式发展，那样往往欲速则不达。

在国外，许多企业的发展策略要延伸至后 30 年甚至更多，一些外企在打入中国市场之前往往已经规划了好几年，考虑了种种可能存在的因素，甚至已经制订出了 3~5 年内有可能赔钱的计划。

相对于外企，许多国内的企业并不习惯制定长期规划。尤其是民营企业，在发展初期最为关心的是如何完成一个原始资本的积累来抢占市场，而无暇顾及长期战略。那么，企业究竟该怎样设计长期战略呢？

企业的战略通常来说包含三方面的内容：企业文化、企业使命以及企业目标。企业文化是企业的经营理念，也是企业在长期发展中应坚持的运营方向，是企业的灵魂；企业使命是企业在社会经济发展中应担当的角色和责任；企业目标是企业发展要达到的程度以及为了达到这个程度应该做出的规划部署。

企业在这三方面必须有准确的定位和清晰的思路，这决定了企业以后的整体发展方向。

2. 转折中求新生

如同哲学中的量变和质变，事物想要完成发展就要在量积累到一定程度的时候抓住时机促成质变，对于企业来说也是如此，发展到一定规模之后就要抓住转折实现新生。

大多数百年企业在其发展阶段都遭遇过危机，有些甚至是灾难性的危机，例如福特、诺基亚、可口可乐等都曾面临过这样的时刻。

1903 年，亨利·福特创立了福特汽车公司。4 年之后，福特公司历史上最为轰动的 T 型车面世。这款质优价廉、极具实用价值的 T 型车，赢得了千千万万美国人的心。在短短的 7 年时间里，福特公司一跃成为世界上最大的汽车制造商。

到亨利·福特晚年的时候，福特公司开始走下坡路，公司面临亏损。20 世纪 40 年代，福特已经排在了通用和克莱斯勒的后面。

1943 年，亨利·福特把在海军中服役的孙子亨利·福特二世召回，令其继承祖业。受过高等教育的福特二世清醒地认识到：要挽救福特公司，就得进行一番彻底的改革。

第一步，延揽人才。经过一番努力，原通用公司副总经理布里奇、后来担任美国国防部长的麦克纳马拉和世界银行行长桑顿等数 10 位被誉为“神童”的管理人才，都被他招致麾下。

第二步，在数 10 位“神童”的协助下，亨利·福特二世对公司的运行机制进行了改革，公司的面貌焕然一新。改革的第一年，公司就扭亏为盈。经过几年的努力，福特公司终于重回美国第二大汽车公司的位置。

20 世纪 80 年代后期，福特公司开始和一系列知名的国际汽车公司合作，在国外进行本地化生产。全球扩张把福特公司带入了经营最佳状态。对于福特公司来说，取代通用汽车成为全球第一汽车商，似乎唾手可得。但从 1999 年开始，危机再度降临在福特公司身上。

1999 年，雅克斯·纳塞尔被任命为福特 CEO。同年，比尔·福特——亨利·福特的曾孙成为董事会主席。在纳塞尔的带领下，福特公司将上百亿资金投资到豪华品牌上，如沃尔沃和陆虎，其他的投资还包括汽车维修企业和网络公司。这是一次金融上的冒险行为。一些媒体批评纳塞尔偏离业务重点——汽车制造和销售，而将精力过多地放在电子商务、循环利用废料及福特快速服务运作上。到 2001 年秋天，福特公司亏损高达 54.5 亿美元，纳塞尔不得不黯然离去。

随后，比尔·福特临危受命，出任 CEO。上任之后，比尔提出了详细的福特公司复兴计划。不过他所进行的大刀阔斧的改革给人留下深刻印象的只有两点：关闭工厂、大幅裁员。与他的曾祖父和叔父相比，比尔·福特的改革方案实在是缺乏想象力。

2005 年，福特公司创造了成立 100 多年来的最高亏损纪录，全球业务亏损高达 127 亿美元，平均每销售一辆车亏损 1 925 美元。比尔·福特不得不黯然离去。

2006 年 9 月，从波音公司来的艾伦·穆拉利担任福特公司 CEO。在穆拉利的带领下，福特公司在 2009 年汽车行业崩盘的大背景下保住了公司，没有破产，他的 One Ford 计划也为连续亏损之下处于迷茫中的福特公司找到了发展方向。

2014 年，艾伦·穆拉利退休，福特公司高管马克·菲尔兹继任 CEO。面对仍处泥潭的福特公司，马克·菲尔兹所面临的挑战不小。年逾百岁的福特公司能否再铸辉煌，让我们拭目以待。

3. 知识中求提升

企业的核心竞争力是企业能够立足于市场的关键因素，而知识资本则是核心竞争力中最核心的部分，是企业可持续发展的源泉。

美国密西根大学商学院教授普拉哈拉德和伦敦商学院教授加里·哈默尔认为，核心竞争力是指不同的生产知识和技能在企业内部通过不断消化整合，最终达到的一种协调状态，以此来引领企业的发展。核心竞争力从中心开始辐射，贯穿研发、生产、管理以及人才培养等各个环节，它是在核心产品和服务中隐含的因素，或者是它们的有效整合。

知识资本的重要性可见一斑，那么该如何提高这部分核心竞争力呢？

如今是市场经济时代，企业围绕消费者来抢夺市场，企业的核心竞争力也是以消费者为中心打造的。与消费者直接接触的，或者说消费者最为关心的不是企业内部结构，而是产品，所以产品的质量与企业的品牌息息相关。

核心竞争力涉及与自主知识产权相关的核心技术。在“科技是第一生产力”的今天，许多百年企业之所以引起世界瞩目，最关键的因素在于其掌握着核心技术。

科技型企业对于和市场有关的技术发明有着相当敏锐的嗅觉，能够率先做出相关发明创造，掌握核心技术，然后进行产业化，在其他企业还未来得及反应时快速抢占市场。拥有知识产权以后，通过把技术转让给其他企业还可以获得市场之外的“二次利益”，此后再通过继续创新占领新一轮科技高峰，继续抢占新市场。如此循环下去，企业就能够在竞争的道路上步步领先。

在非科技领域，传统的百年企业也可以通过品牌战、商标战等在消费者群体中实现自身的品牌效应。如“可口可乐”、“麦当劳”等品牌已经在消费者心中留下了根深蒂固的印象。

不管科技领域还是非科技领域，由知识产权带来的核心竞争力都起到了至关重要的作用。

2015 年，国家知识产权局发明专利年度申请受理量首次超过 100 万件，同比增长 18.7%，其中授权发明专利 35.9 万件。这说明企业知识产权创造主体地位持续稳固。我国要想打造更多百年企业，必须增强科技创新能力，提升知识产权的质量与数量。

3.1.4 打赢知识产权战，推动自主创新

知识产权无疑已经成为企业打开国内以及国际市场的关键要素。21 世纪以来，我国进入结构调整、经济发展方式转变和企业改造升级的关键时期，尤其是在国际金融危机爆发和蔓延的影响下，我国的经济转型尤其值得关注，“中国仿造”到“中国制造”再到“中国创造”的转型迫在眉睫。只有掌握了关键技术、核心技术，掌握更多具有自主知识产权的产品，才能在未来竞争中占据优势。因此，自主知识产权的打造对于建立百年企业、推动经济长远发展具有重要意义。

如何打赢这场知识产权战争大体分以下三步。

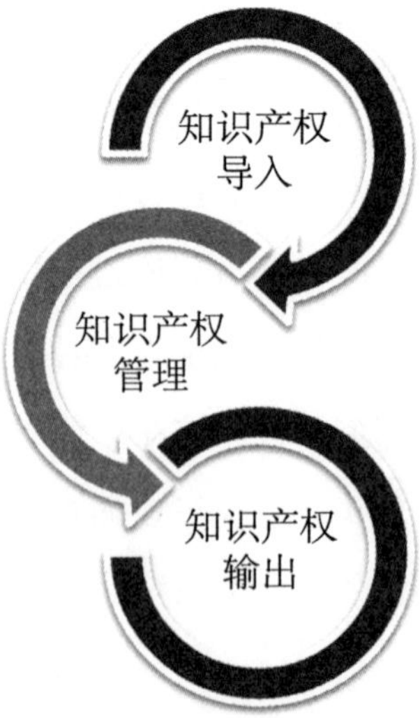

1. 知识产权导入

很多世界 500 强企业具有自主研发机构，企业通过垄断技术获得高额利润，再通过技术转让、商标许可经营等实现融资和业务扩张。企业还可通过与其他机构联合研发来加快产业化进程，或者直接购买他人知识产权。

2. 知识产权管理

企业应当建立专门的知识产权部门，对新进的和原有的知识产权进行管理和改进，打造自己独特的知识产权体系。对于知识产权、商标等侵占行为积极维权。例如，海尔公司曾经经过长达 1 年零 3 个月的诉讼，不仅夺回了商标，还扩大了品牌影响力。

3. 知识产权输出

当知识产权因长期闲置而无法获利时，应及时输出，或者用于市场经营，或者通过技术交易有偿允许他人使用。即使不是处于闲置期，输出也可带来较高的附加值。例如，可口可乐公司并没有在中国生产线上投入资金，而仅仅通过商标和配方技术的使用就换得了可观的收益。

打造百年企业是中国企业的目标，其中掌握自主知识产权是实现这一目标应具备的要素。因此，中国企业要了解百年企业的素质，解读企业生命曲线，有科学依据地向百年企业的目标迈进。

3.2 战略管理：战略不对，努力白费

3.2.1 制定企业战略常犯的三大错误

战略在军事中指的是军队作战的谋略，而随着商业竞争的日趋激烈，人们在企业管理中也逐渐引用这一词语。

企业的管理者为了吸引客户，从产品的生产到销售，采用多元化的宣传手段，采用不同的措施，这就是战略。战略的执行可以最大化地发挥员工的潜能，实现员工自身的价值和企业的发展定位，完成企业的规划蓝图。

公司的规划涉及自身优势与不足，找准当下的市场机遇，分析已经存在的或潜在的竞争对手以及其他方面的威胁。一旦对未来一段时间的目标精准定位，接下来摆在企业面前的就是制定可行性强的企业战略。

举个简单的例子：一家企业制定的目标是三年内将销售额从4亿美元提升至6亿美元。通过市场调研发现，市场对他们的产品有较为旺盛的需求，要完成这一目标是切合实际的。该公司制定了以下三个战略来完成销售目标。

· 抢占市场份额。主要通过提升现有客户的购买量。

·收购。对一些小规模的竞争对手或者不同领域的公司进行收购。

· 走出去战略。全面展开其他地区的营销攻势，在这些地区开辟新的市场。

企业战略不能纸上谈兵，必须具备很强的可行性与操作性。下面探讨企业在战略制定与评估时常犯的几个错误。

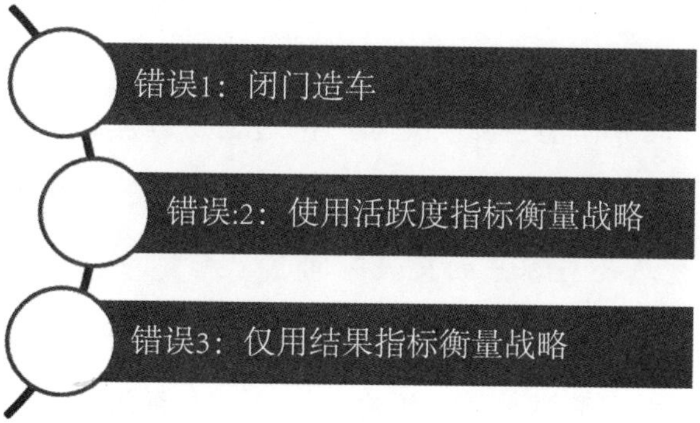

错误1：闭门造车

根据统计发现，企业最终采用的战略往往是企业首席执行官所推荐的战略，这种“由上而下”的战略很容易成为“闭门造车”。

要破解这种“闭门造车”式战略，企业可以从外部寻求咨询，参与到战略的制定中。毕竟，就算公司的内部人员有能力为企业战略的制定出谋划策，但有时候由于涉及相关利益问题，再加上企业内部讨论的人员往往会把领导因素带入，其结果往往会在有意无意中跑偏。

不少企业会聘用对企业比较了解的咨询师或顾问，赋予他们在战略的制定过程中就可行性进行评估的权力。如果企业在战略制定过程中确实能够听取咨询师或顾问的建议，发现企业战略存在的不足和缺陷，那么咨询的投入会物有所值。

其中需要注意的是，企业往往在接受咨询之前，会先入为主地对战略的可行性有了自己的判断，不愿意听到他人对自己认可的战略提出否定性观点。所以，企业应尽量在战略的创意阶段就开始寻求咨询师或顾问的意见。

错误 2：使用活跃度指标衡量战略

·一个养老金组织制定了一个优化投资配置改善风险管理的战略，该组织选择的一个指标是他们与投资顾问开展的会议场次，另一个指标则是不同的投资所采用的调研文章的数量。

·一家时尚导向型企业制定了一个通过创新产品设计来提高销售额的企业战略，这个战略的选择似乎没什么问题，但该企业所采用的评价指标竟然是与客户的交流时间、参加贸易展的数量等活跃度指标。

·一家企业为了解决员工的沟通问题，在新闻简报及会议、员工网站上下工夫，该战略的评价指标是一些会议的入座率、新闻简报的发放数量与员工网站的点击率等，但是当公司对战略的效果进行评价时，员工的沟通问题却进一步恶化。

上面这些企业或组织都有一个共同的失误，他们选定的这些活跃度指标无法对战略进行有效评估，就算将这些指标都完成得特别到位，相关战略也可能毫无进展。

错误 3：仅用结果指标衡量战略

结果论发生的概率比第二种错误的概率更高。一些企业，往往通过分析营业额、市场占有率、企业规模这些滞后的指标来判断其战略是否成功。实际上，这些指标只能衡量企业战略的实施意义，当使用它们作为评价指标时，即使战略有问题，等察觉到的时候也已经为时已晚。

这种错误在企业中较为常见，一些政府机构与非营利性组织也会发生这种错误。比如，开展“禁止吸烟”项目的人员会以电视广告的观看人数、公告展览牌的浏览人数、发放的徽章数量等作为项目的评价指标，但最后即使在项目上耗费了较多财力，但烟草的用量在他们的活动开展过程中仍然可能增多。

企业为了利润而存在，因此他们看待问题往往会用金钱来衡量。这种方式往往会给企业带来巨大损失，用结果论去分析战略的可行性并不能在战略有问题的时候及时纠正。

3.2.2　战略管理的七大陷阱

在企业的经营管理中，失败的管理经验对管理者来说更具有借鉴意义。看清前车之鉴，避免重蹈覆辙。下面着重阐述战略管理的七大陷阱。

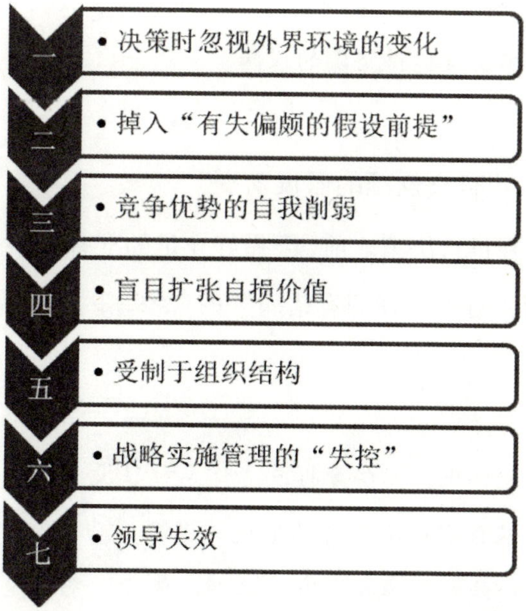

陷阱一：决策时忽视外界环境的变化

企业的领导者在做决策之前往往会详细了解所处的环境，但是随着他们管理经验的丰富、决策能力的增强，容易在不经意中忽视外界环境的变化，只根据以往的经验进行决断，这极易导致决策失误，给公司造成损失。

要避免这种判断失误，关键是要培养决策者对环境的敏感度，能根据外界环境的细微之处觉察到危机的来临。

在分析外部环境时要注意以下两点：

· 发现问题并分析问题。必须清醒地认识自己目前的处境，找好定位，所制定的战略不仅要针对现有竞争对手，还要针对潜在竞争对手，以便制定一整套完善的应对措施。

· 科学分析并正确决策。做到科学分析就要综合各种因素，运用多种手段，全面分析，在准确定位的基础上制定出一套卓有成效的考察方案，保证信息能够顺利共享，并且能在公司内部正常运行，为管理者的正确决策提供坚实的保障。

陷阱二：掉入“有失偏颇的假设前提”

企业的管理者在进行决策之前，要做好充足的准备，详细考察环境的变化，并制订完备的计划，避免“好药看错病”的现象，因此，需要注意以下四点，以防步入陷阱。

· 在决策过程中，一些数据或者信息往往没有经过验证，隐藏着巨大的危机，应该引起决策者的重视。

· 决策者检验是否掉入“有失偏颇的假设”陷阱里，可以看所做出的所有假设和结论是否具有一致性，是否能相互佐证。

·决策者要分清主次，将不同的信息区别开，条分缕析地存档、管理，首先执行对企业发展最重要的战略。

·世界上唯一的不变就是变化，因此要注意对各种假设及时更新，确保它们的时效性。

陷阱三：竞争优势的自我削弱

事物是不断发展的，要求我们用发展的眼光看问题。企业在激烈的商业竞争中要处于不败之地，必须发展性地看待外界的环境，与时俱进，不断增强自身的竞争优势以适应瞬息万变的时代环境，避免在一成不变中削弱自我的竞争优势。因此，企业的领导者要注意：

·在管理意识上，树立系统性、全局性、策略性的理念，把经营战略的制定建立在整个公司发展的基础上，重视产业的发展，分清主次。

·在业务范畴上，尽可能地拓展公司业务，扩大公司规模，加强与客户和供应商的密切合作。

·在价值链上，明确各个流程的分工，以便各司其职，最大限度地发挥产业的潜能。

·在增值业务上，鼓励创新，营造良好的企业文化环境，激励员工的主观能动性，挖掘产业的增值价值。

陷阱四：盲目扩张自损价值

随着企业的发展壮大，市场竞争的异常激烈，越来越多的企业开始盲目跟风，扩大市场规模，进入一些自己陌生的经营领域，结果往往事与愿违，既没有达到预期效果，又损失了资本、耗费了人力、浪费了时间。

与其发展自己不熟悉的产业，不如集中精力增强自身的核心竞争力。企业的核心竞争力才是企业在市场竞争中取胜的法宝，因此，企业在进行战略决策时，要围绕核心竞争力，利用核心竞争力的优势带动产业的发展，在发展多元化的过程中提高产业的增值价值。

此外，判断一个产业是否值得拓展，要从产业价值链的角度衡量，看它是否在拓展过程中给企业带来增值，是否与企业的核心竞争力相匹配。

陷阱五：受制于组织结构

在传统观念里，一个企业的分工越明确，它的效率越高，就越容易在市场竞争中取胜。但是，随着知识经济时代的来临，市场竞争越来越激烈，传统上的各司其职已不能满足企业在信息化时代的生存要求。

面对这种困境，企业要进行自我革新，跳出组织结构的控制，用全新的理念经营公司，重新审视公司的各个产业活动，摒弃无法带来增值价值的产业活动，开拓创新，研发新的增值活动，为企业带来新的效益。

企业要做到以下两点：

第一，做好分析规划，从全局出发，综合考虑各种因素，再根据自身的定位，确定一个可以实现并且清晰的目标，制定相关战略措施，有策略地协调各组织结构。

第二，根据确定的目标，与相关部门协商沟通，在听取意见的基础上做适当调整，以便能够打破组织结构的藩篱，使各个部门协调高效的运作。

陷阱六：战略实施管理的“失控”

在企业经营管理过程中，经常会出现一些失控现象，形成这种现象的原因主要有：主观上，企业在各个部门没有准备的情况下，突然做出了一个决定；客观上，企业制定的战略没有达到预期效果，而造成企业文化、奖励机制和员工心理三者失衡，致使企业失控。

传统企业为了避免失控，通常采取以下四步进行监控：

第一，确定清晰的目标并制定计划。

第二，执行计划。

第三，确定衡量结果的标准，进行测评。

第四，反馈信息，进行反思。

这种传统企业的监控四部曲可以在静态竞争环境中有效监测出管理的不足，以便制定应对方案。

面对现今动态的市场环境，为了避免失控，高效监控运作流程，企业还要运用科学的方法，在制定目标时反复调查分析，以确保制定的目标符合大多数人的需求。与此同时，建立数据库，随时分析反馈数据，做到监控的及时性；建立数学函数，精确计算，预估风险，并提前做好规避计划，有效防范风险。

通过有效的数据库实现战略制定、战略控制、战略实施之间的密切联系，完善战略一体化流程，以保证最大限度地加强对企业的监管。同时，在软文化上，也要加强企业文化的制定，完善奖惩机制并严格执行。

在企业文化的建设上，要注意企业文化与企业的发展规划是协调一致的，并确保制定的战略能随着外界环境的变化而灵活调整，以适应企业长久发展的要求。总的来说，从企业的小环境来看，企业是一个整体，构成这个整体的各个部分也应是协调的，在有序的组织中促进整体的发展；从社会这个大环境来看，企业的发展需要适应社会变化，能及时察觉外界环境的变化，并及时调整自身的发展战略，做到适者生存。

陷阱七：领导失效

企业的发展很大程度上依赖于管理者的领导力。一个有决断力的领导会使企业在激烈的市场竞争中制胜，但是大多数管理者存在一些缺陷，无法做到知人善用，果断决策，把握先机。

企业战略的执行依赖于企业自身的良好运行，企业的管理者身负重任，要把企业经营好，就要调整好企业内部各组织的关系，使它们协调有序，为企业的发展提供动力。同时，管理者还要有危机意识，能够未雨绸缪，在危机来临之前就能制订完备的应对计划，实现公司的稳定发展。

管理者还要根据公司的实力准确定位，制定切实有效的目标，同时还要适度放权，给员工展示自我的机会，肯定他们的业绩，鼓励创新，激发他们的创造潜能，在为公司奉献的过程中实现自我价值。

管理者还需要养成经常反思总结的习惯，不断分析在经营过程中的得失，发扬成功经验，汲取失败教训，使企业更好地发展。

3.2.3 战略抉择与战略逻辑保持一致

如今企业规模不断扩张，一个公司旗下经常会有若干子公司。一般情况下，公司内部的所有战略直接由母公司的高层管理者制定，下属公司的员工甚至是中层管理者对于公司的市场份额、业务量、利润等目标几乎毫无发言权。

即使是大型企业也可能制定出严重缺乏逻辑的企业战略。以一家曾经入选《财富》杂志排名100强的科技公司为例，在20世纪末的互联网泡沫时期，企业制定的年销售额增长为50%，这显然与当时的经济环境极不相符。

要发现糟糕的企业战略也绝非难事，可以仔细衡量战略制定的理由以及战略抉择与战略逻辑是否相符。错误的战略抉择与战略逻辑是很难保持一致的。有的企业会用自己制作的“战略地图”来定位企业战略，当中反映的内容乍看上去很有道理，但经不起推敲。因为有些战略的制定只是基于理想化的假设，并没有从逻辑层面思考其中的合理性。

> 就拿“战略地图”中经常会出现的一种情况来说明，它的思维方式是：要想让利润获得增长，必须得到更多的忠实客户并让他们带来更多的业务；而客户忠诚度的提高又依赖于良好的客户满意度，这决定了企业必须培养员工的敬业精神；员工的敬业精神又可以通过让员工参加培训来提高。也就是说，通过员工培训就能提高员工的敬业程度，进而增加客户满意度，提升客户忠诚度，最终实现利润的增长。
>
> 这看上去可能有理有据，但是这种所谓的“战略地图”的逻辑经不起推敲。
>
> 谁能保证员工参加了培训就一定能增加敬业程度？如果非常糟糕的工作氛围与不科学的企业管理给员工带来了不舒适感，那么再多的培训也无法提升员工的敬业精神。即便是客户的满意度提高，忠诚度也不一定会有所增加。而业务量的增加若是建立在劣质客户的基础上，那么企业的利润反而有可能会减少。

在企业的战略评估中，战略制定团队给出充足的战略逻辑分析，以及对战略逻辑的可行性进行质疑都是极为必要的。只有这样，企业制定的战略才能经得起考验，其正推动企业的发展。

3.2.4 采取科学的方法优化战略指标

要衡量企业制定的战略是否合理，科学的方法是制定一套战略指标，并且尽可能地将指标细化。

比如，一家企业制定了一套有关客户的增长战略，想依托与重要零售客户的合伙关系达到提升销量的目的。而这些客户在这家企业的产品买入与产品分销上确实起到了十分重要的作用。

其一，该企业客户关系的增长战略用“客户参与度”指标来衡量，这一指标又包含与客户相关的多种指标，有货架空间、该客户向企业的求助与咨询、客户的利润率、与竞争者的关系、品牌的优势等。企业依据这些细分指标，对客户参与度实现以月为单位的衡量，从而得知关系管理战略的成功与否。

其二，该企业客户的增长战略涉及新产品的开发，事实上一种新的产品从概念的提出到推出市场面向消费者，这个过程往往需要 3 ~ 5 年的时间。因此，该企业就对总指标进行了阶段细分，比如：员工的创新与冒险热情、经过几轮筛选后剩下的创意、创新项目的重大事件、申请专利、用户认可、营销与利润等。

真正可行的战略指标，往往包含两种类型的详细指标：一种是对战略的合理性进行有效判别的输入及流程的先行指标；另一种是决定战略能够获得成功的输出及结果的滞后指标。

许多失败的战略都给企业带来了惨痛的教训，比如，戴姆勒与克莱斯勒的合并、时代华纳与美国在线的合并。不过，如果在战略实施的前两个月内能够尽快发现其中的失误并予以纠正，那么企业仍然可能走上健康稳定的发展轨道。

如果战略实施了较长时间再评估其成功与否，则难以发挥评估应有的价值。

因此，企业的管理者应及时对战略的可行性进行评估，与公司目前的战略类似的成功案例进行比较，并配以兼具先行与滞后的指标来考察企业战略的前景。

3.2.5 【案例】诺基亚“陨落启示录”：战略失误的牺牲品

诺基亚曾经是享誉全球的手机品牌，在其发展最为强盛的时期市值一度高达 1 100 亿欧元，而今诺基亚却变成了微软的附庸，并且以 55 亿欧元的价格委身于微软，这其中有哪些缘由呢？

对诺基亚的没落做深度分析，总结其没落的教训，可以为其他企业提供借鉴。

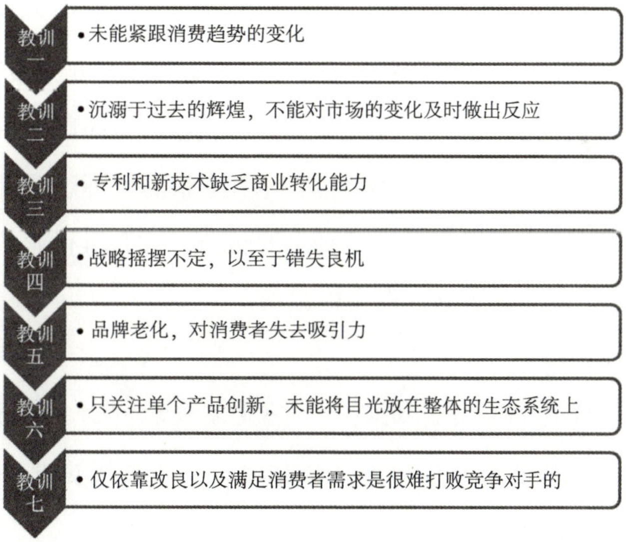

教训一：未能紧跟消费趋势的变化

诺基亚是功能手机时代消费趋势的重要引领者，但是随着移动互联网的发展，通话、短信等基本手机功能已经满足不了消费者的需求，娱乐以及互联网应用开始受到消费者的广泛欢迎。

一直到推出 4 100 万像素的拍照神器 Lumia 1020，诺基亚都没有真正抓住消费者在新时代的智能化消费趋势，其产品与市场上层出不穷的其他产品相比失去了竞争优势，在创新方面远远落后于竞争对手。

2007 年，苹果公司推出 iPhone，随后三星、HTC 等品牌手机陆续出现在市场上，并利用新的软件系统，主打娱乐和应用功能，紧紧抓住了消费群体。

启示：作为行业的领导者，如果不能真正抓住用户的消费需求，引领整个市场的消费趋势，让自己的品牌成为行业的代言，不能随时代变化给用户带来新的体验，那么很容易被后来者颠覆和超越。

教训二：沉溺于过去的辉煌，不能对市场的变化及时做出反应

虽然在 iPhone、三星手机等上市的时候受到了一定的冲击和影响，但是在一段时间里诺基亚仍然稳居老大的位置。对其他手机品牌商，诺基亚采取的是俯视的态度，始终贯彻诺基亚 N9 上市时所主张的“不跟随”原则，过分沉溺于过去取得的成绩和辉煌，轻视了对手的实力，对手机行业的市场变化缺乏敏锐的反应能力，最终导致其逐渐走向没落。

启示：作为领军企业或品牌，一定不能轻视新生力量的崛起，当有新的力量来撼动自己的行业地位时，一定要迅速洞察市场，并及时调整，才能始终跑在行业的前列。

教训三：专利和新技术缺乏商业转化能力

乔布斯认为 iPhone 的核心竞争力并不在于其技术能力，而在于其技术与人文的融合。只有将新技术与消费者需求融合在一起，创新的产品才能诞生，才能真正在市场上获得用户的欢迎。

诺基亚前高级经理朱汉尼·里斯库出版了《*Uusi Nokia*》（新诺基亚）一书，在书中他就诺基亚改革提出了自己的见解，他认为，诺基亚缺的不是技术和研发能力，而是将技术转化为商业的能力。

触控技术和 3D 技术早已被诺基亚研发出来，而且每年诺基亚在研发方面都会投入较高的费用，尽管专利很多，但是极少能够实现商业转化，推出能满足消费者需求的产品。

启示：对企业来说，在技术方面保持领先地位并不代表要拥有多少领先的专利，而是这些专利有多少能够转化为满足消费者需求的产品。专利不仅是一种品牌优势，同时也是建立行业标准的一把利器。

教训四：战略摇摆不定，以至于错失良机

当安卓系统已经开始占据手机市场的半壁江山时，诺基亚却始终坚持其塞班系统，后来为了应对市场的冲击，诺基亚与英特尔联合开发了 Megoo 系统，并坚决对安卓施行屏蔽，随后诺基亚加入微软的手机操作系统。

就在诺基亚还在操作系统间摇摆不定的时候，安卓等竞争对手已开始侵蚀诺基亚的地盘。微软的 Windows Phone 系统始终落后于其他系统，导致诺基亚疲于应对市场变化，最终不得不“委身下嫁”。导致诺基亚退出第一手机阵营的主要原因就是放弃成熟的安卓系统而坚持不成熟的 Windows Phone。

启示：当竞争对手已经成功打造了产业链，此刻，领军企业首先要问问自己能否在短时间内构建新的产业链，如果不能，就应该积极寻求与其他企业的合作。

教训五：品牌老化，对消费者失去吸引力

凭借其坚固经典的直板手机形象以及贪吃蛇游戏，诺基亚一度成为众多手机品牌中的佼佼者，而后随着触屏手机的出现，消费者的操作体验发生了深刻变化，手机不仅仅是一个通信工具，同时也是一款集娱乐、时尚和功能于一身的创新产品。

诺基亚由于产品的老化，逐渐被年轻消费群体抛弃。

启示：品牌要想在市场上处于领导者地位，必须紧跟时代进行产品创新，拥有足够的时尚感，否则很容易被新兴的时尚产品打败。

教训六：只关注单个产品创新，未能将目光放在整体的生态系统上

智能手机之间的竞争已经不再停留于质量比拼层面上，而是拼操作平台和应用。面对众多新兴智能手机品牌的冲击，诺基亚将希望放在了搭载 Windows Phone 的几款精美手机上，忽略了对生态系统的构建，同时也没有设计出满足用户个性化需求的应用软件。

诺基亚虽然推出了 Lumia，但是后台的应用平台体验并不好，在体验无法超越竞争对手的情况下，短期内也难以起死回生。

启示：对企业来说，做一个功能性产品并不难，关键在于怎样整合更多产业链资源，打造生态系统。产品的生产是一种战术，而生态系统的构建则是一种战略，二者只有相辅相成才能为企业创造更大的价值。

教训七：仅依靠改良以及满足消费者需求是很难打败竞争对手的

在设计方面，诺基亚始终坚持一种理念：了解用户需求，然后最大限度去满足。因此，诺基亚就需要在群体调查或者市场细分策略上投入较大的精力和成本。

这种以满足消费者需求为目标的思想，在未出现颠覆性革新时并不会有问题。但是随着移动互联网时代的到来，用户并不确切知道自己需要什么。就像问 19 世纪末 20 世纪初的人要什么交通工具时，绝不是汽车，而是一匹跑得更快的马。乔布斯认为用户“不知道自己要什么”，他坚信“直到我们拿出自己的产品，他们才发现，这是我要的东西”。因此，苹果开启了一个全新的时代，而诺基亚在旧时代里做得再完美也无济于事。

iPhone 彻底颠覆了当时高端手机的设计模式：完全抛弃了键盘，用一块覆盖整个机身正面的触摸屏取代，运行的软件也与 PC 程序十分接近。iPhone 的出现，带来了手机使用习惯的改变。因此，企业不能再将“满足”用户需求作为圣经，而应该“创造用户需求”，这一点值得企业经营者们深思。

任何产业形势都会跟随时代发生变化，由于诺基亚在产业形势变化中做出了一些错误的判断，使其在市场上失去了机会，在与新生力量的竞争中败下阵来。与诺基亚遭受同样命运的还有索尼爱立信、黑莓、摩托罗拉等领军企业，它们的失败也证明了一点：如果不能紧跟时代变化，引领行业趋势，就很可能成为残酷竞争的牺牲品。

3.3 民营企业的“百年梦”：如何打造一家百年老店

3.3.1 民营企业“长寿”的三个立足点

台塑集团创始人王永庆 89 岁时依然没有真正退休，美国一个卖牛仔裤的企业家 103 岁了还在当家做主，“生命不息，奋斗不止”的精神在他们身上得到了真正的践行。不过，根据胡润曾经发布的《全球最古老的家族企业榜》，全球最古老的家族企业历经了 1 400 多年的岁月。由此看来，家族企业要想实现基业长青，只靠创始人的看顾是远远不够了，还需要寻求其他办法。

根据现有的百年企业可总结出其“长寿”的三个立足点。

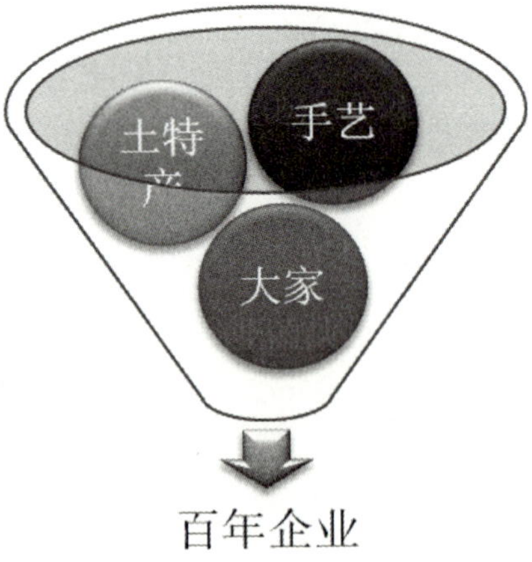

1. 靠手艺

从行业分布看，手工业中的企业虽然规模不大，但靠着世代相传的手艺最容易造就出百年企业。

如专职寺庙建设的日本金刚组，虽然现在的年收入只有 1 亿美元，却是行业老大，也是全球最古老的家族企业之一。其他如玻璃器皿、金银首饰、钟表乐器等也都属于此种规模不大却易于传承的类型。

2. 靠土特产

这一类基于地理位置优势，依靠土特产实现企业的“长寿”。这些企业一般依托于城堡、庄园、温泉之类的不动产，进行相应的产品制造，如开博物馆、饭店，酿造葡萄酒、香水，以及售卖当地独有的土特产等。

这种模式的企业其产品往往具有唯一性，规模也较小，对创新的要求相对较低，凭借祖辈的经验就可能实现基业长青。

3. 靠大家

上面两种类型多是凭着祖传的家业实现企业“长寿”，规模一般都比较小，也无法适用于成立较晚的家族企业。那么，像沃尔玛、福特等在世界 500 强企业中能占据一席之地的家族企业，又是靠什么呢？

简单地说，就是“众人拾柴火焰高”，靠企业的改制、上市。比如，差不多同时起步的三家美国酒店：凯悦集团、希尔顿集团和万豪集团。根据 2016 年美国酒店权威杂志《HOTELS》公布的 2015 年度“全球酒店集团 325 强”，万豪集团排名第一，酒店数量为 4375 家；希尔顿集团排名第二，酒店数量为 4322 家；而凯悦集团由于受家族企业模式的限制，既没有股东大会催促其扩张的紧迫性，也缺乏股票作为收支的手段，仅排第 14 位，酒店数量为 587 家。

3.3.2 民营企业面临的两个战略选择

除了找到企业“长寿”的立足点之外，想让企业实现基业长青，还必须慎重面对以下两个方面的战略选择。

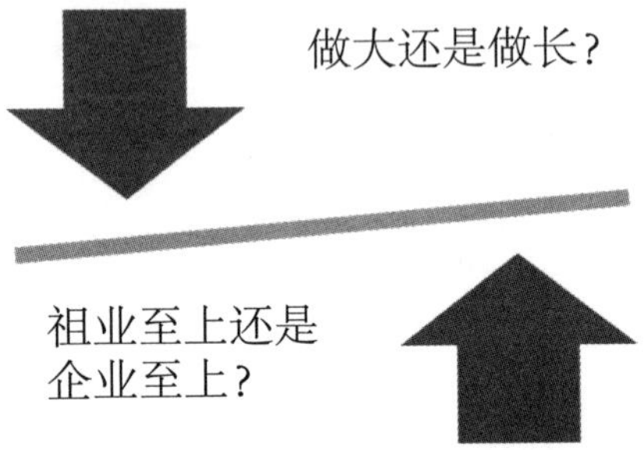

选择一：做大还是做长？

企业最理想的当然是既能够做大，又能够长久，但现实是：能够传承的百年老店大多是基于祖业的规模较小的企业，而那些做到足够大的企业也往往面临着家族对企业整体控制力下降甚至丧失的困境。

因为在大型上市家族企业中，往往是通过股票融资等手段实现企业的规模扩张，这虽然能够增加家族的总资产，却势必导致家族对企业的控制力减弱。

选择二：祖业至上还是企业至上？

现在的哥伦比亚广播公司最开始叫西屋电气，是一个超大型电子设备生产商，一度和爱迪生的通用电气齐名。由于没有竞争过通用，便另寻出路实行多元化发展战略，购买了大量电台和电视台，再后来直接进行了行业跨越，转做传媒，甚至连名字也改成了现在的哥伦比亚广播公司。虽然没了祖业，却实现了企业财富的不断增长。

民营企业要想实现基业长青，必须平衡好上述两个方面的关系，在企业可持续成长的同时能通过各种方式不断扩大企业规模，实现企业财富的积累。

3.3.3　从“人治”走向“法治”

依靠手艺和土特产的百年企业，只要立下规矩，保证手艺的传承，一般而言就能做得比较长久。关键是在没有手艺和土特产的情况下，就需要探索出一条靠“大家”实现百年企业的道路。

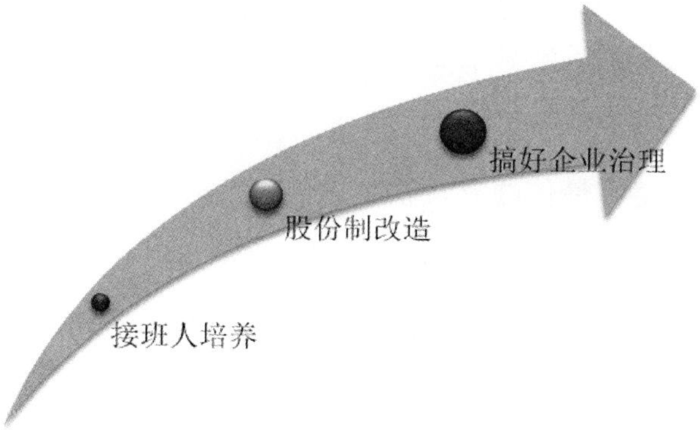

1. 接班人培养

通用电气的前 CEO 韦尔奇用了 7 年时间挑选接班人；雀巢 CEO 包必达从上任第一天就开始着手培养接班人；李嘉诚在接班人培训上也是煞费苦心。

培养接班人，首先是要为其提供全面和系统的教育，奠定全面、扎实的知识基础，训练敏锐的思维能力，树立正确的价值观，培养高尚的道德情操；其次要为其提供充分的历练机会，管理是一门实践科学，优秀的企业家绝对不是“学”出来的，一定是“做”出来的，在大量的管理实践中，不断摸索、学习、思考和总结，才会不断地自我完善和提高。

在确定接班人问题上，“临危授命”是不可取的，会给企业带来极大的不确定性和危机。

2. 股份制改造

民营企业特别是家族企业往往面临着两方面的困境：

一是接班人选择范围小，甚至无法找到合适的接班人。特别是在我国实行计划生育政策后，成员众多的大家庭结构转型成了成员很少的核心家庭结构，加剧了这种困境。

二是创立民营企业的家族为保证对企业的绝对控制权，往往不愿进行股权改革，限制了企业规模的扩大。

要解决这些困境，最佳的方式就是进行股份制改造，让更多的股东参与进来。这样既能为企业发展注入大量资金流，又扩大了企业继任者的选择范围，为企业发展选出合格优秀的领导人，实现企业的可持续成长。

3. 搞好企业治理

企业治理是一个复杂性和系统性兼具的工程。民营企业想要实现百年企业之梦，顺应当今社会经济形式，引入职业经理人进行企业运营管理是不可避免的事情。在建立了对职业经理人的约束机制之后，通过股权激励等方式，将他们的利益与股东以及公司的利益联系起来，真正依靠大家做好企业治理。

我国民营企业可以借鉴西方大型家族企业的成功发展模式。比如，通过上市融资将股权分散化。这样虽然降低了家族控股比例，却使家族总财富大大增加，同时也能通过一定手段来维持家族对企业的控制力。当然，要让众人（股东、职业经理人等）愿意为民营企业出力，一个公开透明、公平合理的企业治理结构是必不可少的。

我国的民营企业大都是靠创业者的勤奋和善于经营创立的，企业的发展运营带有强烈的个人色彩，可以说是一种“人治”的企业。企业要持续发展下去，创业者却无法一直经营着企业。因此，运营的制度化和规范化就成了企业基业长青的必然选择，即企业从“人治”走向“法治”。企业实现这种转型的最佳人选正是创业者本人，他们可以通过自己的影响力和权威，在实现企业制度化和规范化的同时，最大可能地降低这种转变带来的成本和风险。

CHAPTER 4

百年创新：引领企业持续增长的创新管理战略

4.1 创新管理的价值：企业的竞争就是创新的竞争

4.1.1 创新的力量：企业持续发展的战略核心

经济学家约瑟夫·阿罗斯·熊彼特[1]于1912年在其书刊《经济发展理论》中第一次提出了创新理论。他认为，创新的本质就是由生产要素与生产条件构成的一种新组合，并同时引入一种新的生产体系。

互联网的高速发展为企业带来了更多新的机遇，创新理论开始受到普遍关注和重视，因此企业期待找到生产要素与生产条件之间新的组合形式。

但从另一方面而言，创新并不是因为被重视才开始成为推动企业发展的一个重要因素，而是企业从诞生到逐渐发展壮大过程中的一个必要条件。

“物竞天择、适者生存”这一条生物界的生存法则同样适用于市场经济，只有能够适应市场环境变化的企业才能更好地生存。互联网的深入渗透让整个社会都处在瞬息万变之中，如果不能紧跟市场环境的变化，企业今天的辉煌到明天就可能成为过去，曾经的成功可能成为阻碍企业成长的障碍。

企业只有积极寻求创新，才能不断突破自己、获得新的成长，从而更好地适应市场环境的变化。从某种程度来讲，即便是企业缺乏创新意识，但是为了生存而不断努力、寻找新办法的过程就是在进行创新。

经济全球化将全世界的经济都连接在了一起，同时也将全世界的竞争者都

1 著名的美籍奥地利政治经济学家，“创新理论”奠基人。

连接了起来。随着经济开放程度越来越高，几乎没有任何一个行业甚至是企业可以完全与外界隔绝，行业与行业之间，甚至是企业与企业之间的竞争都可以看作是国际竞争。

这种国际竞争存在两种形式：一种是国内的企业在走向国际时与国外企业之间的竞争；另一种是国内企业与进入国内市场的国外企业竞争。

企业面临的竞争对手不仅没有国界的界限，同时也将更多、更强。如果企业一味沉溺于过去，止步不前的话，很难适应不断追求创新的市场，在与同行的竞争中也将处于下风。市场竞争的残酷可以用“快鱼吃慢鱼”来描述，如果企业的发展水平落后于市场的平均水平，就会被市场淘汰。

企业要想在市场上站稳脚跟，必须拥有持久的竞争力。或许因为一次偶然的机会形成了自己的竞争力，并在市场上拥有了一席之地，但此时的竞争力并不是持久的，如果企业不能创新发展的话，随时都有可能被其他企业超越。诸多企业的实践也证明了这一点。比如，20 世纪 80 年代曾经创造了非凡成就的企业，到了 90 年代有 1/3 在市场中销声匿迹了。也就是说，虽然它们曾经获得过成功，但是未能保持成功。也有一部分企业，它们历经百年而不衰，支撑它们延续百年的动力就是创新。

企业成就百年的历史，同样也是一个不断创新的历史。任何一个有长远打算的企业，都应该积极思考应该如何实现持续发展。这里的“持续发展”是指：企业不仅能在特定的生存环境中实现长远发展，还能在不断变化的环境中及时调整，在变化中不断实现长远发展；不仅能在短期内实现持续发展，还能长期持续发展。

4.1.2　从熊彼特“创新理论”看创新管理的价值

在传统经济理论中，完全竞争市场可以达到一种“最优均衡状态”，在这种状态下，企业在市场上通过自由竞争能够以最低的价格提供最大的产量。

然而，熊彼特提出的创新理论却颠覆了这种认知，认为在竞争市场中的这种均衡状态会限制和阻碍企业的成长，因为创新是企业成长的重要动力源泉，而企业没有超额利润用于创新活动。只有企业有了一定的超额利润之后，才有足够的资金以及动力来推动企业的创新，从而实现企业的持续发展。

其实，创新也可以为企业带来超额利润，从而为企业的下一次创新创造良好的条件。企业的创新打破了“最优均衡状态”，但同时又在更高的层次上实现新的均衡，形成一种“均衡—非均衡—新均衡”的动态循环。

从行业的发展角度来看，行业的发展需要创新；从企业的发展目的来看，企业需要创新来创造超额利润，从而获得更多的储备资金。因此，企业能否获得超额利润，是创新是否成功的重要衡量标准。这种超额利润可以是短期的，也可以是长期的。

随着企业之间的竞争日趋激烈，价格战的发生率将越来越高。此时的企业只能勉强维持生计，“杀敌一千，自损八百”，根本谈不上成长。企业实力越强，抗风险能力也越强，因此当行业内出现清盘时，实力较弱的企业往往会成为牺牲品。而要增强企业的实力，从根本上来说就是增加收入，所以企业必须摆脱价格战的桎梏，寻找新的发展方式，而创新无疑是一种最好的方式。

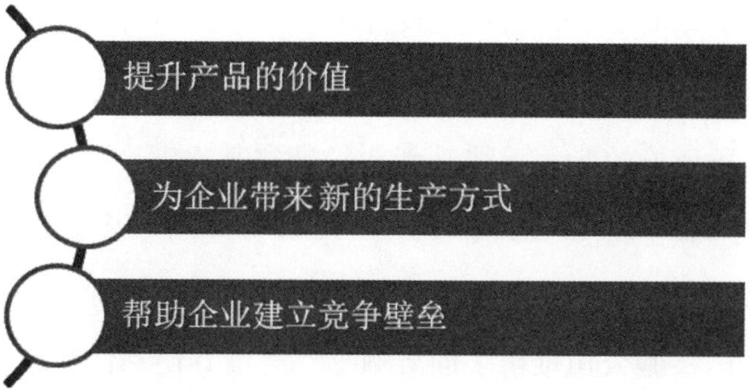

第一，创新可以提升产品的价值，从而让产品以更高的价格出售。

第二，创新可以为企业带来新的生产方式，从而降低能耗，节约生产成本。

第三，创新可以帮助企业建立竞争壁垒，从而有效规避激烈的市场竞争，创造更大的利润空间。

乔·笛德、约翰·本斯特、凯思·帕维特三位著名的英国创新管理学者，共同撰写了《创新管理》。他们认为，创新管理是一个系统工程，要想提升企业的创新效率，必须整合市场、技术及组织变革等资源。创新是一个充满冒险的过程，能够获得成功的非常少。而且，创新并不是一劳永逸，企业需要对创新进行持续性的科学管理。

任何一家企业都不是完美的，因此要在企业的发展过程中不断完善，创新管理就是完善企业、促进企业成长的一个重要手段。创新管理不是企业在生产经营过程中一个特定的环节，而是贯穿于整个生产经营过程。当企业具备较高的创新管理水平后，不仅可以有效促进企业创新，还可以促进企业的优化升级。

4.1.3 【案例】雀巢：起死回生的创新战略

雀巢自 1867 年创立至今，遭遇过多次危机和挑战，但是依靠创新冲破重重阻挠，成就了今天这个家喻户晓的品牌。

20世纪80年代初，由于全球食品工业竞争形势比较严峻，再加上雀巢没有及时洞察市场环境的变化，缺乏创新，导致其逐渐在市场竞争中失去优势。在欧洲市场，虽然雀巢已经占据了一定的市场份额，其主打产品甚至已经达到了饱和状态，但在发展中国家的销售额却出现了衰退。

此时，美国实验公司推出了即溶咖啡，凭借其便利性在市场上受到了广泛欢迎，雀巢咖啡的地位进一步受到威胁，在美国的市场占有率下降了3%，面对即溶咖啡的市场被蚕食，雀巢没有及时采取反击对策，直到一年后才推出新品种，但是最后不仅没有挽救市场，还搭进去不菲的广告费。

此时，赫尔穆·莫彻尔调任瑞士韦维雀巢总部任公司总经理，他上任后进行了大刀阔斧的改革，使雀巢重新焕发出生机和活力。莫彻尔认识到，食品工业是增长比较快的行业，如果不能紧跟行业的变化，及时做出战略调整，将很难生存下去，因此莫彻尔开始推行新的发展战略。

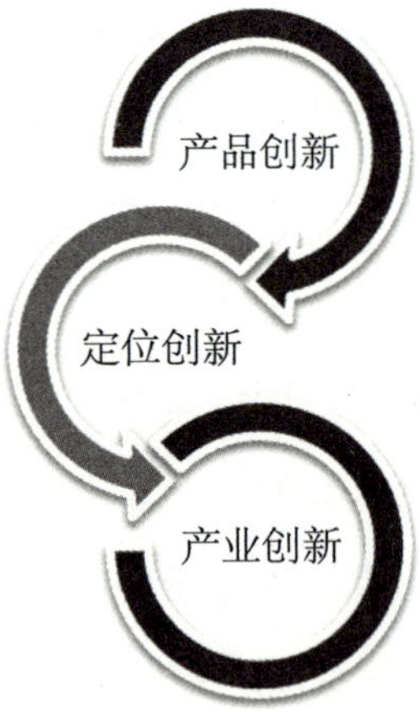

· 产品创新。围绕营养、卫生、安全研发出了多款产品，比如，专门针对从出生到六个月的婴儿研发了力多精婴儿奶粉和能恩奶粉；面向六个月以上的婴儿推出纯谷类或含谷类系列辅助食品。在发现消费者喜欢喝蒸馏咖啡之后，专门研发了可以在家自己做的雀巢蒸馏壶，并在上市后受到了广泛欢迎。

· 定位创新。改变咖啡的定位，将其中一部分定位为高级礼品咖啡。在日本，雀巢咖啡是以高级礼品的形式出现在市面上的，并被盛在高级器皿中，主要应用于各类宴会。

· 产业创新。将业务范围延伸到其他食品领域。在察觉了速冻食品的商机之后，雀巢在法国推出了“芬达斯”系列冷冻食品，在英国推出精致的“列克兴”牌速冻餐，并迅速抢占了速冻市场；在发现西方人有养宠物的习惯之后，雀巢专门针对这部分人士开发了“宠物”食品，目前这一产品在世界范围内已经拥有了 75% 的市场份额。

通过一系列创新，雀巢开发出了 3 000 多种食品，成为了世界上最大的食品制造商。

不管是竞争对手还是市场环境都处在不断变化中，要想始终保持自己的优势，就应跟随变化而变化，学会在动态中求发展。

4.1.4 【案例】IBM 的体制改革：谁说大象不能跳舞

计算机行业是近几年成长最快的行业之一，IBM 公司从 1911 年创建至今已有 100 多年的历史，IBM 在计算机行业一直保持旺盛的生命力，成为全世界最大的信息技术与业务解决方案公司。

20 世纪 70 年代末，科学技术得到了迅猛发展，其中微电子技术发展最快。该领域内所有的企业都感到了前所未有的压力，即便是此前在这个行业一直拥有领先优势的 IBM 也不例外。计算机市场的飞速发展也带来了高风险，但是由于市场前景和潜力巨大，众多实力雄厚的企业纷纷进入该领域，从而推动了该行业的进一步发展。

在这一背景下，IBM 认识到只有创新才能让自己抢先一步，于是便在企业内开展了一系列的领导体制创新。

在 1980 年到 1984 年间，IBM 的领导体制创新分为三个阶段。

第一阶段：组织创新试点，在公司成立“风险组织”，专门用于开展各种创新尝试。

第二阶段：对总公司的领导组织进行全面改革，创建新的领导体制。

第三阶段：对子公司的领导体制进行改革。

在推进领导体制创新的前三年，IBM 通过独立经营单位（IBU）形式或战略经营单位（SBU）形式成立了 15 个“风险组织”，用于开发小型创新型产品，并且这些风险组织都拥有较大的自主权。

其中，独立经营单位由 IBM 首创，直接听命于总公司专门委员会，除了提供必要的资金，讨论和审议独立经营单位的发展方向外，总公司不能干涉其任何活动。独立经营单位又被称为“企业内企业”，既具备小企业的灵活性特点，又有大企业的经营实力做支撑，这种双重优势能够让其实现更好的成长。

在小型机和微型机等高新领域，IBM 不断推出具有竞争力的创新产品，这与独立经营单位具有密不可分的关系。独立经营单位专门用于开发个人计算机，IBM 仅用 11 个月的时间就完成了从产品研发到生产的全过程，其效率远远超过其他同类公司。

1983 年，IBM 将对最高决策层、总管理层和战略领导体制的创新作为改革的重点。

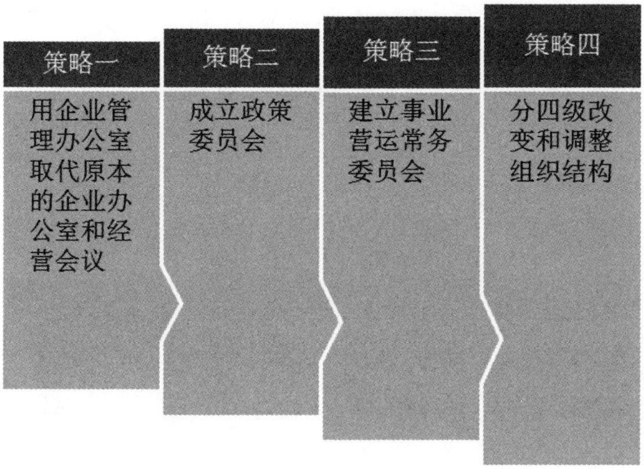

· 用企业管理办公室取代原本的企业办公室和经营会议。可以让更多的人参与到企业的最高决策中，从而汇聚更多人的智慧，做出更准确的决策。

· 成立政策委员会。成员包括董事长、总裁、副董事长和两名常务副总裁，主要职责是进行长期决策。

· 建立事业营运常务委员会。由一名常务副总裁负责管理，进行短期决策。

· 分四级改变和调整组织结构。根据专业化对下属事业部进行增减或调整，将信息和通信事业部的地位进一步突显出来。

通过一系列创新，IBM 实行的领导体制创新已经形成了兼具灵活和高效的组织结构，这也让 IBM 拥有了更强大的组织结构来适应飞速发展的高科技行业。

由于计算机行业发展太快，一旦调整不及时就可能被超越，IBM 在 1992 年出现了 50 亿美元的巨大亏损，这也让曾经盛极一时的公司遭遇了前所未有的危机，此后 IBM 在很多经理人眼中变成了烫手山芋。

路易斯·郭士纳可以说是一个计算机业外行，他在接手 IBM 后，对 IBM 进行了一系列变革，并在短短两年的时间里帮助公司填补了亏损，使 IBM 重振声威，这让所有业内人士都大吃一惊。但是，如果我们从另外一个角度来看待 IBM 复出的话，这也很容易理解，正因为郭士纳属于外行人士，所以不会受到行业内一些思想或者模式的限制，敢于创新。

4.2 创新驱动战略：成为创新的领导者

4.2.1 积极创新：不给对手超越机会

根据企业对待创新的态度，我们将创新分为两类：消极防御型创新和积极进攻型创新。是消极被动还是积极主动，决定了企业的创新成果及其在市场竞争中的地位。

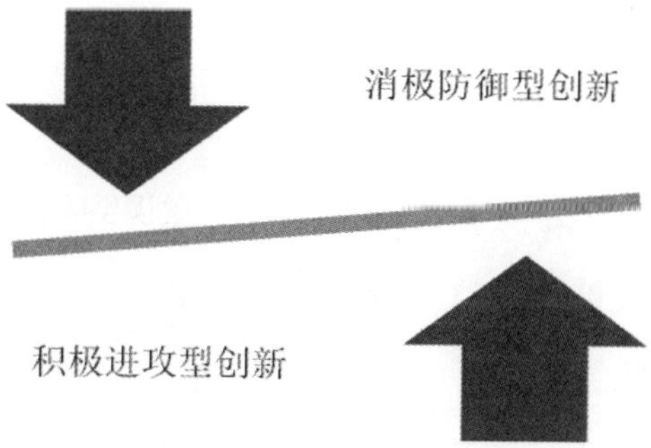

1909年，吉尔伯特创立了米斯脱制造公司，将他在玩具方面的创想付诸实践，后来发展成A.C吉尔伯特公司。

随着经济的发展，玩具市场涌现出了更多制造商。从20世纪50年代开始，吉尔伯特公司销售量就开始下滑，但是吉尔伯特公司并没有采取补救措施。

到了60年代，桌面自动玩具赛车开始占领市场，作为一家大型玩具制造商，吉尔伯特公司依旧没有采取措施。直到玩具赛车对吉尔伯特公司的发展构成了威胁，吉尔伯特公司才匆忙补救，推出玩具赛车。但与市场上的玩具赛车相比，吉尔伯特公司生产的玩具赛车质量低劣、价格昂贵、设计不合理，且生产成本高，无法与已有的玩具赛车相竞争。因此，1965年吉尔伯特公司只能退出玩具赛车市场，这给公司带来了沉重的打击。

自成立到20世纪50年代，吉尔伯特公司几乎没有研发过新玩具。虽然后来吉尔伯特公司意识到了创新的重要性，并在短时间内推出了50多个新品种，其中还包括面向学龄前儿童的玩具，但是这些新品种在质量和价格方面都不具备竞争优势，不仅没有起到应有的作用，反而给吉尔伯特公司造成了负面影响。

1967年，被称作“值得尊敬的玩具制造商”的吉尔伯特公司宣布破产。

吉尔伯特公司直到关乎生存的紧要关头才意识到创新的重要性，这种消极的防御型创新很难改变被动挨打的局面。一步落后，步步落后，因此，积极的进攻型创新才是企业的首选。

发展良好、取得一定成绩的企业，一定要积极创新、勇于进取。企业只有不断创新，才能永葆活力。

1. 创新注重时效性

不论是产品、技术，还是策略，最先使用的企业总会受益颇多，而其他竞相模仿的企业则只能逐渐降低利润。假使行业中每家企业都采用了相同的营销策略或者技术成果，经过激烈的市场淘汰，企业所获取的利润将按照它所采用这项成果的时间先后而递减，最后采用的企业其利润有可能为零，而最先使用这项成果的企业将是最大的获利者。

为了获取更多的利润，企业争先恐后地都想成为第一个“吃螃蟹的人”。而企业获取的利润越多，进行下一轮创新的资金就越多，就越能够实现创新，获取更多利润，实现良性循环。这也是为什么“企业越大越好做，企业越小越难办”的原因。

2. 创新是企业提高竞争优势的有力武器

成功的百年企业永远不会落伍，反而始终在引领世界潮流。纵观各个行业都可以发现，企业的实力与其发展历史有一定的联系，越是发展历史悠久的企业，实力越雄厚，也越重视创新。

主观上，这些百年企业以积极、高昂的热情主动探索，研发新产品，始终密切关注市场的变化动态，从而抓住商机。

客观上，这些百年企业在市场竞争中更具有进攻性。它们在不断创新，保持自身竞争优势的同时，对其他企业也构成了威胁，必将影响其他企业的发展。创新能够打破市场平衡，颠覆传统商业模式。如果企业成功创新，那么其他企业就得匆忙应战。优秀的企业能够通过创新不断超越自身，不给竞争对手喘息的机会。

英特尔公司是全球最大的个人计算机零件和 CPU 制造商，成立于 1968 年，至今已有近 50 年历史。期间，英特尔公司实现了销售额、利润额、总资产的全面增长，英特尔公司的迅猛发展，不仅得益于规模的扩大，更得益于它的持续创新。

1988 年，英特尔公司提出了“跻身新电脑核心，成为产业领导者”的发展目标，成为战略转折点，从此确定了其发展方向。具体从以下两方面来实施：

（1）占领制高点，抢占先机，先发制人。

20 世纪 80 年代末，英特尔公司建立了“超前决策智囊团”，由世界知名电子专家组成，负责预测和研究 90 年代半导体市场的变化态势。结果显示，未来计算机将朝着微型化的趋势发展。作为计算机的心脏——CPU 必须改良，通过高性能为用户提供更好的体验。为此，英特尔公司注资 30 亿美元，用以研发适合微型计算机的高性能 CPU。

1994 年，英特尔公司开始布局网络产品市场，以网络工作组为发展重点，引领世界网络市场的发展潮流。一年之后，英特尔公司成为了世界第二大网卡生产商，拥有 44% 的市场份额。

（2）做产业标准的制订者。

计算机行业具有分工明确、专业化程度高的特点，要打开产品市场，需要有一定的软硬件作为支撑。1991 年，英特尔公司研发出了第五代、第六代芯片，随后，以这两代芯片为核心的一系列产品进入市场，深受用户欢迎。进入 21 世纪，为了带给用户更优秀的使用体验，英特尔公司又陆续推出了“酷睿”处理器，受到了广大用户的欢迎。

英特尔公司拥有先进的高新技术以及信息处理能力，引领计算机行业发展潮流，其他企业都纷纷模仿英特尔，形成 PC 制造商都为英特尔“打工”的有趣现象。

一流企业做标准，二流企业做品牌，三流企业做产品。要成为标准的制订者，惟有采取积极主动的进攻性创新。

4.2.2　创新战略的核心：创新精神与创新机制

1. 创新最需要的是勇气

美国作家斯宾塞·约翰逊在《谁动了我的奶酪》一书中阐述了“变是唯一的不变”这一真理。它鼓励人们要培养自己的创新精神，勇于创新，而不害怕改变。

对于所有企业来说，最难的不是创新，而是是否具有创新的勇气。大多数企业都认为创新的成本太高、难度太大，通过模仿实现创新也是一条渠道。但缺少创新，它们将始终处于市场的最底层。

在创新之前，需要明白发明与创新之间的区别。创新包括发明，但发明并不等同于创新。发明是创造出以前不存在的事物或解决问题的方法；而创新则可以是在原有事物的基础上进行改良，完善已有事物。由此可以看出，与发明相比，创新的难度要小得多，每个人都可以通过改善事物而成为创新者。

著名管理学家德鲁克在《革新与企业家精神》一书中论述了相似的道理。他以集装箱为例，将其从卡车车身卸下再放到货船的这个过程完全不存在新的技术含量，但这一创举却大大提高了远洋运输的效率。这项创新并不需要专业的工作经验，任何人都可以想到。由此也可以看出，创新并不困难，所需的成本也不高。

企业应制定良好的创新机制，营造创新的工作氛围，培养员工的创造力和活力，从而推动企业发展。

创新不是一蹴而就的，它需要漫长的试验，不断地产生问题、发现问题、解决问题。一个缺乏进攻力的企业，不会有创新，因为它在制定每一个决策时，都谨小慎微，害怕失败，致使企业只能平庸发展。企业只有具备创新精神和创新魄力，才会积极应对挑战，获得飞跃式发展。

2. 创新精神与创新机制

创新精神与创业精神之间具有一定的关联性：创业精神越强，越能促进创新精神的产生。政治经济学家熊彼特曾提出，创业精神是一种积极适应市场变化的优秀品质。这些品质包括追求利润、勤奋工作、敬业精神、竞争欲望、与市场经济原则匹配的伦理道德体系。

企业的创新活动是一个漫长的过程，需要全体员工努力，同时还需要创新机制的支持。企业的创新机制是推动企业不断创新、发展的内在驱动力，包括动力机制、运行机制和发展机制。

· 动力机制为企业提供源源不断的创造力和活力，激发员工的创新潜能，实现企业创新。在市场经济下，利润是促使企业积极创新的最大驱动力。

· 运行机制主要由创新管理的组织机构、运行程序和管理制度组成。完善的运行机制可以优化资源配置，使员工各司其职、协同发展。

· 发展机制是在企业谋求长期发展、追求效益的基础上产生的。

企业通过动力机制、运行机制以及发展机制不断增强自身的创造力，形成完善的创新机制。当企业具备了创新精神和创新机制后，创新便水到渠成了。

4.2.3 【案例】宝洁“C+D”计划：探索研发模式的创新

互联网的发展将人们带入了一个更加开放的时代，企业创新也正从过去的“封闭式”逐渐转为“开放式”。除了从企业内部发掘创新灵感之外，企业上下游的合作伙伴、消费者，甚至是看似不相关的外部环境都有可能成为企业的创新源泉。

1. 宝洁公司的“C+D”计划

所谓“C+D”计划就是“联系 + 发展”，在其中文网站上，宝洁公司向外界发出的求助信息已经达到了上百条。调查显示，宝洁公司一半以上的创意来自于外部，宝洁公司将这种创新的获取方式称为“开放式”创新。

从传统的产品“研发”，到借助外部力量的“联系 + 发展”，是宝洁公司的一次伟大尝试和探索。互联网将越来越多来自于全世界各个角落的人联系起来，而宝洁公司希望能借助全网的智慧，实现“开放式”创新，从而走出大企业创新难的怪圈。

2. 从“研发”转向“联发”

金浩芳在 1997 年加入宝洁公司，担任大中华区“联系与发展”部经理，她在认识到公司强大的研发实力的同时，也感觉到公司在研发方面还存在很多问题，比如，公司的创新能力不高，许多研发成果并没有转化成上市产品，还有很多专利有待开发和利用，产品研发部门的研发能力没有被充分挖掘出来。

1997 年哈佛商学院教授克莱顿 · 克里斯坦森出版了《创新者的窘境》，在书中克里斯坦森提到，一般成熟的大企业更容易被后来者逼上绝路，并陷入进退两难的境地。面对这一窘境，金浩芳对公司的未来有些许担忧，大家都期望能找到有效的方法帮助公司摆脱这一“魔咒”。

2000年正值宝洁公司陷入困境之际，雷富礼被任命为公司新一任CEO，“新官上任三把火”，雷富礼上任后烧的第一把火就是对公司的研发部门进行全面深刻的改革。此时，雷富礼面临着一项重要的抉择：是重新改造研发部门增强其创造力，还是削减研发成本。

在很多人将其当作两难的选择题的时候，雷富礼却认为可以将这两个选项合二为一，并由此提出了“开放式创新”的概念，将宝洁公司引以为傲的“研发”改名为“联发”，打破了封闭式的研发，集聚外部力量的智慧，根据消费者需求进行个性化创新，并利用各种技术信息平台，对各项创新提案进行推广传播，从而在全球范围内实现落地成功以及最优配置。

在雷富礼看来，宝洁公司拥有的创新创意人才不仅包括9 000多名研发人员，同时还包括分布在全球范围内的180万左右的研发爱好者，这样一来就大大扩充了宝洁公司的研发团队。雷富礼认为，来自外部的力量有时候能更好地解决创新难题。因此，雷富礼积极寻求与外部力量的合作，并制定了到2010年引入一半以上的外部创新的目标，不过这一目标在2006年就实现了。在引进外部创新的同时，宝洁公司还吸收了更多新的技术思想以及高端产品，大大提高了产品研发的成功率。

3. 搭建创新资产集市

在“联发”理念的指导下，宝洁公司首先面临的问题就是怎样将自己的需求传达给分散在全球的研发人员。

最初，宝洁公司在一家类似于创意集市的网站上发布了自己的需求，寻求世界各地研发人员的帮助，这种方式确实帮助宝洁公司得到了许多外部的创新方案，但是同时，宝洁也发现这些方案都存在或多或少的缺陷，很难出现让人眼前一亮的创新。

由于宝洁公司在网站上的求助式信息只是一种单向沟通，外部力量缺乏与宝洁公司双向沟通的渠道，因此很难交出一份令宝洁公司满意的答卷。比如，外部的研发人员拥有一套养发护发的专利配方，并想将这款产品推出市场，在没有资金支持而且自身没有能力经营品牌的情况下，想要寻求宝洁公司的帮助，这个时候应该怎样跟宝洁公司沟通呢？

为了解决沟通渠道不畅的问题，宝洁公司在 2007 年创立了“C+D”英文网站，这就相当于宝洁公司的创新资产集市。在网站上不仅可以了解宝洁公司的需求以及创新成果，如果外部研发人员拥有的创新成果满足宝洁公司的创新需求的话，也可以在网站上提交创新方案，并在此后 8 周内得到宝洁公司的回复。在此期间，外部研发人员可以随时登录系统查询方案的审核情况。

宝洁公司推出的这一模式，在全球获得了积极响应，在网站上线一年半的时间里，“C+D”英文网站就收到了 3 700 多个创新方案。只不过在对这些创新方案进行调查时发现，大多数方案来自于英语国家，宝洁公司意识到，语言是很多研发人员参与“C+D”计划的障碍，因此于 2009 年 3 月 26 日推出了中文网站。

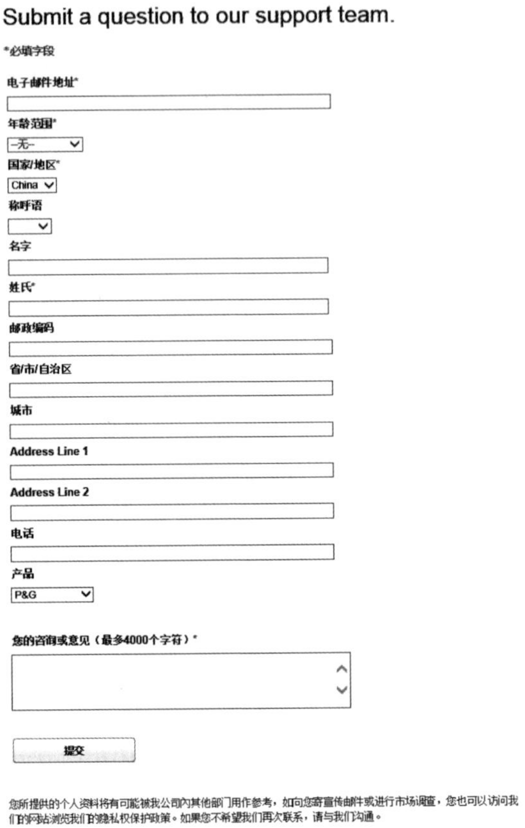
Submit a question to our support team.

*必填字段

电子邮件地址*

年龄范围*

--无--

国家/地区*

China

称呼语

名字

姓氏*

邮政编码

省/市/自治区

城市

Address Line 1

Address Line 2

电话

产品

P&G

您的咨询或意见（最多4000个字符）*

提交

您所提供的个人资料将有可能被我公司内其他部门用作参考，如向您寄宣传邮件或进行市场调查，您也可以访问我们的网站浏览我们的隐私权保护政策。如果您不希望我们再次联系，请与我们沟通。

图片来源：宝洁公司网站页面截图

仅3个月的时间，网站的注册访问量就突破了2万，有价值的创新方案有129个，其中很多创新方案被宝洁公司看中并达成合作意向。除了在网站上征集创新方案之外，宝洁还在网站上出售自己的专利，这同样也是雷富礼在改革中的一大创意。

在20世纪90年代末，雷富礼在对宝洁公司进行的一次内部调查中发现，公司在研发方面投入了15亿美元的资金，研发出来的专利达2.7万项，但是这些专利中只有10%转化成了产品。

为了充分利用这些资源，雷富礼决定将这些专利放到创意集市上出售，让它们可以在适合自己的地方发光发热，同时也成为宝洁公司的一项收入来源。

4.“C+D”模式下的全球协作

宝洁公司的开放式创新可以用一个真实的故事来形象直观地描述。

2005 年，美国的宝洁公司研发人员计划为其旗下品牌——纺必适设计一款新产品。为了体现环保理念，研发人员打算选择竹木等自然材质作为容器材料，而不是传统的塑料。

不过，宝洁公司并不擅长竹制品的研发和生产制造，于是在“C+D”理念的指引下，在全球范围内寻找竹木加工的解决方案和制造商。寻找之路异常艰难，主要有三方面的原因：

· 竹制品含水率问题难解决，竹制品对原材料及加工存储环境比较敏感。

· 竹木材料属于纯天然材质，各有各的纹理特色，再加上后期的手工制造，很难控制产品精度。

· 宝洁公司对产品的要求比较高，器具的误差在 0.5 毫米以下。

除此之外，宝洁公司在数量上的要求使得小作坊式手工制造的竹制品企业很难满足。历时两年，宝洁公司都没有找到能帮助其解决困难的合作伙伴，开始尝试利用全球协作来解决这一问题。

2007 年 4 月，宝洁公司广州办公室的一位员工利用阿里巴巴找到了位于浙江仙居县的味老大。当时在中国竹制工艺品行业内，竹制品的产品精度误差基本在 3 毫米左右，而味老大的产品误差在 1 ~ 2 毫米。不过，宝洁公司的误差要求是 0.5 毫米以下，味老大的标准离宝洁的要求还有一段距离。双方在此后的时间里进行多次沟通和磨合，最终味老大满足了宝洁公司的全部要求，双方达成合作。

这是一个双赢的结果，一方面宝洁公司达成了自己的设计目标，另一方面味老大在宝洁公司的帮助下也提升了工艺水平。如今，在宝洁公司内这样全球协作的事件不断增多，越来越多的项目通过协同合作，把不可能变成了可能，这也是宝洁公司至今仍发展良好的一个重要原因。

4.3 百年企业的创新路径：技术创新＋管理创新＋市场创新

著名政治经济学家约瑟夫·熊彼特在其发表的创新理论中把创新分为五种情况：

·采用一种新的产品。具体情形可以分为：采用消费者并不熟悉的产品，或发挥一种消费者已经熟悉的产品的一种新的特性。

·采用一种新的生产方法。即从商业领域或科学领域中发现一种新的、未经验证的方法，并将其应用在产品制造中。

·开辟一个新的市场。这里的“新的市场”可以等同于我们现在所说的“蓝海”，是其他企业未曾涉猎的一个全新市场。

·掠取或控制原材料或半制成品的一种新的供应来源。需要注意的一点是，这种来源是已经存在的还是第一次创造出来的并非关注的焦点。

·实现一种新的组织。比如通过“托拉斯化”打造一种垄断地位，或打破一种垄断地位。

后来的研究者将其提到的五种创新情况归纳为：产品创新、技术创新、市场创新、资源配置创新和组织创新。

随着创新理论的不断丰富，专家们对创新的途径又重新做了划分，虽然划分的结果存在差别，但几乎每位专家都对技术创新、市场创新、管理创新投入了较大的关注。

4.3.1　技术创新：百年企业技术创新的四大维度

技术创新在企业创新活动中居于核心地位，与其他创新活动息息相关，是企业创新的重要内容。企业之间的技术差距会直接造成经营成果上的巨大差距，企业的技术水平直接反映了一个企业的经营实力。

企业不论是在生产过程中还是经营过程中，都存在技术创新，但起主要作用的是生产过程中的技术创新。从生产过程这一角度来看，技术创新可分为四个维度：材料创新、手段创新、工艺创新、产品创新。

1. 材料创新

材料作为技术创新的基础对整个企业的技术水平发展起着重要作用，而且材料费用也是企业成本中的重要组成部分，因此材料创新不仅能促进技术的发展，还可以节约生产成本。

材料创新的主要方法有：改变材料性能、开辟新的材料来源、研制新的材料、发现现有材料的新用途、寻找可替代的廉价材料等。

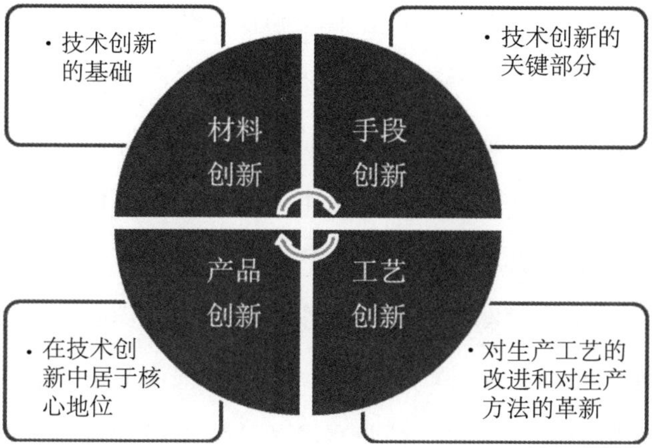

2. 手段创新

企业用于生产产品的设备设施等物质条件被称为手段，企业所拥有的这些设备设施决定了一个企业的生产力水平。因此，手段创新是企业技术创新的关键部分。

创新方法的主要手段有两种：一是运用技术成果，对原有的设备进行改造和革新，以达到延长原有设备寿命或提高原有设备性能的目的；二是采用更先进的设备设施，用以提高产品生产效率、降低生产成本。

3. 工艺创新

工艺包括生产工艺和生产方法两个方面。生产工艺即企业在生产产品过程中的整体流程，生产方法即在生产产品的具体环节中的工作方法，二者对企业的生产效率及产品性能都有着直接的影响。

工艺创新的主要方法有对生产工艺的改进和对生产方法的革新。

4. 产品创新

产品是企业所有技术创新成果的具体表现，产品创新在技术创新中居于核心地位，决定了企业在市场中的位置。产品创新的主要方法有对旧产品的改造和对新产品的开发。

以上是技术创新的四个方面，它们之间彼此相关、互相影响，手段创新必然需要工艺创新为前提，而工艺创新必然会促进手段创新，在二者的共同影响下，必然会引起材料和产品的创新。产品创新作为最后一个环节，它往往会对材料、手段以及工艺创新提出要求。技术创新的四个方面彼此联系紧密，一方面的创新通常会引起其他方面的创新，产生连锁效应。

企业创新在企业持续发展战略中居于核心地位，而企业创新的核心又是技术创新，技术创新的核心又是产品创新。因此，把产品创新置于百年企业持续发展的重要位置是理所应当的。企业在漫长的发展过程中，产品的更新换代就是一部产品创新史，它切实反映了企业的整个发展过程。

“汽车王子”——梅赛德斯－奔驰作为大家公认的最具创新力的知名品牌，一直以来位于全球豪华汽车品牌的领先位置。近几年，人们对这一品牌的青睐有增无减，汽车销售纪录不断被打破，世界各大都市随处可见奔驰的身影。

1883年，著名的发明家卡尔·本茨（奔驰公司创始人）以他发明的四冲程引擎成立了奔驰公司。1886年1月29日，世界上诞生了第一辆汽车，虽然只有三个轮子，最快车速仅为每小时15公里，但它的出现是人类史上的一次重大进步，从此改变了马拉车的历史。

“梅赛德斯－奔驰”公司的另一位著名发明家兼创始人——格特里布·戴姆勒，于1883年发明了全世界第一台内燃发动机，它转动轻巧且快速。

1885年，戴姆勒将该内燃发动机安装在了两轮车上，由此世界上第一辆摩托车诞生了。1886年，戴姆勒又将发动机安装在了四轮车上，于是具有现代意义的第一辆汽车诞生了。1890年，戴姆勒创建戴姆勒公司。

两家公司在汽车行业平分秋色，都很优秀，于 1926 年正式合并，强强联手、并肩作战，从此成为世界汽车业的璀璨明星。在国外，该公司的产品被称为“梅赛德斯”，在国内人们更习惯称之为“奔驰”。

梅赛德斯－奔驰公司“以创新求发展，不断推陈出新”的精神时刻鼓励着公司内的每位成员，抓住每个细节不放，将产品的每个部分都做得更好。

该公司发明的汽车为推动人类文明的进步起到不可替代的作用，由卡尔·本茨发明的“火花塞点火”直至今日还被广泛运用。以下是该公司历年来在汽车发明上的重要成果：

1928 年，“纽尔堡 460”八缸 6 座汽车诞生。

1938 年，对著名的 260 型柴油发动机小轿车和当时最快的 540K 型小轿车进行批量生产。

1953 年，为了提高汽车的制造标准，在汽车的美观和安全方面做出进一步改善，发明了巨型底盘上的承载式焊接结构。

1973 年，梅赛德斯 450SEL6.9 依靠自已过强的技术实力领先世界汽车制造业，被评为“年度最佳汽车”。

1984 年，新型小汽车的问世受到大众青睐，此后又推出了 400 型、600 型，还有豪华舒适高级轿车。

梅赛德斯－奔驰公司的理念就是持续不断的创新，并推出创新产品。为了满足顾客的个性化需求，公司设计研发出不同车型的汽车，并针对环境污染、能源和安全等问题进行了技术创新，受到人们的喜爱与尊敬。

产品代表企业生产运作的最终成果，产品能否在市场上长期受到大家的欢迎决定了该企业是否能够持续长久的发展。在科学技术迅速发展的今天，企业需要持续不断地对产品进行创新，才能满足不断变化的市场需求，企业才能拥有长久的生命力。

值得注意的是，产品创新虽然是技术创新中的重中之重，但如果没有材料、手段、工艺方面的创新，也是无济于事的。所以，技术创新的四个方面缺一不可。

4.3.2 管理创新：组织管理的五大创新职能

科学合理的管理方式是企业长远发展的有效保障。企业运转涉及个人与个人、个人与组织、组织与组织等多个层面的互动，因此需要以科学合理的管理方式对这些互动进行有效整合和掌控，从而实现企业的良性运行和协调发展。

企业是一个有着明确目标指向的社会组织。因此，需要制定相应的价值理念、战略规划、激励机制、内部发展政策及预算等内容，以推动企业使命的顺利实现。这些内容涉及从宏观战略到具体操作等企业运转的各个层面，因此需要借助科学的管理实现它们之间的有效衔接与配合。

企业内部的不同部门和员工往往有着不同的目标和诉求，需要通过科学合理的管理来整合协调，从而增强企业凝聚力，实现部门间的有效协同发展，激励员工努力实现企业使命。

管理创新就是企业根据自身发展面临的具体状况，不断探索新的模式和手段，从而促进管理职能的有效实现。这些管理职能主要包括发展目标与计划、内部控制、领导风格以及组织结构等内容。

1. 目标创新

发展目标，是企业整体的战略发展导向以及具体运行中所要追求的效果。它是企业发展的方向，也是激发企业内部活力的必要因素。计划体系则是企业为实现发展目标而制定的一系列操作流程和实施方式，是实现企业目标的重要保障。

然而，不断变化的内外部环境会使企业原有的发展目标和计划失去预期的战略意义。这时，就需要企业及时根据内外部环境的具体变化，调整和创新发展目标与计划体系，从而增强企业内部发展的灵活性和外部环境的适应性。

2. 内部控制创新

企业内部控制，是指基于科学合理的管理体制，对企业运作的整体流程、关键节点、内部组织和员工行为进行全方位的监督规范，以保证企业计划的有效实施和发展目标的顺利达成。不过，企业的发展目标和计划体系可能会因各种因素的影响而偏离预期轨道。这时，需要企业不断进行内部控制创新，以及时发现运行偏差，保证预期的效果。

本质上，内部控制创新的目的是为了更好地协调整合企业资源，促进发展目标的顺利实现。内部控制包括多种途径，如建立明确的绩效标准，激发员工的工作热情；创新管理方式，以便更有效地协调整合企业内部行为；引入新的技术和方法，提升控制管理效率。内部控制创新与目标创新是相互促进、不可分割的。

一方面，企业发展计划和战略目标并不是一成不变的，而是根据内外部具体环境的发展，不断进行调整创新。这种调整创新，涉及企业的内部资源能力，因此需要有力的控制模式。另一方面，内部控制创新会极大提升企业的运作效率，以及资源的整合协同能力。这也会促使企业根据内部资源能力的变化调整原有的发展计划和目标。

3. 领导创新

企业管理最直观的表现就是高层领导者的领导方式。一般而言，领导是企业高层管理者从较为宏观的层面对企业内部组织和个人的影响过程。

这种影响可以通过两种路径发挥效用：一是借助企业的规章制度，从外部规范组织或个人的行为；二是利用领导者独特的个人魅力，让员工从内心自愿遵从其管理。

道格拉斯·麦格雷戈（管理理论的奠基人之一）在其《企业的人性面》一书中，就提出了对企业领导极具影响力的X–Y理论。

X理论认为人有逃避工作的本性，对工作是一种消极的态度。具体表现为：以自我为中心，缺乏责任心，对集团目标和要求往往漠不关心。因此，管理者需要以强迫、威胁处罚、指导或金钱利益等手段激发人们的工作源动力。因此，持这种理论倾向的领导者往往会设定十分严格的规章制度，以外在的强制力量规范员工的个人行为。

Y 理论则认为人有要求工作的本能，即使没有外在强迫，也会积极工作。具体表现为：愿意为集体目标而努力，并希望在工作中获得满足感与成就感，具有较高的自我调节和监督能力。显然，认同这种理论的领导者更倾向于通过柔性化的管理方式激发员工内在的工作动力，协调个人与企业目标的关系，给员工更多自主权，以便发挥他们的创造才能。

除了麦格雷戈的管理理论之外，关于企业领导的理论还有很多。比如，威廉·大内在 X-Y 理论基础上提出的 Z 理论；坦南鲍姆和沃伦·施密特提出的领导行为连续体理论；罗伯特·布莱克和简·莫顿提出的管理方格理论等。

对于领导者来说“没有最好的方式，只有最合适的风格”。上述这些理论，也是根据企业发展的实际情况，从不同视角对企业领导方式的分析总结。

企业领导方式更像是一门艺术，任何优秀的领导者都不会拘泥于具体的管理模式，而是不断自我创新。领导者需要根据企业发展的不同阶段，以及面临的内外部环境变化，运用权变思维，进行积极创新，以实现对企业员工与内部组织行为的有效整合与影响。

4. 组织结构创新

企业的持续发展需要不同部门及个人的协同发展。管理的最终目的，就是对不同部门与个人进行角色定位，通过资源的有效整合与优化配置，发挥企业内部的协同发展能力。

企业资源在内部各部门的分配与不同部门在企业整体运作中的角色定位有关，同时也涉及企业的组织结构。一个合理的组织结构能够优化资源配置，实现“人尽其才，物尽其用”的效果；反之，如果组织结构不合理，往往会造成资源配置与利用不合理，影响到企业的持续发展能力。

组织结构涉及企业的整体架构，是对内部不同部门的角色定位和功能划分。这种角色和功能的定位与划分及其重要程度会随着企业具体的发展情景而发生变化。比如，企业十分注重效率与规范时，可以采用多层组织结构；如果企业想要鼓励员工内部创业，可以采用扁平化的组织结构，为员工提供更多的自主空间。

要实现组织结构的变革创新，企业首先要敏锐洞察内外部环境的变化，以及自身发展的需要，以便为结构创新提出明确的目标导向；其次要突破原有的框架束缚，重新定位各部门的角色功能，最大限度发挥部门间的协同效应。

组织结构创新还要处理好集权与分权的平衡。特别是在商业环境瞬息万变的今天，组织权力过分集中于上层，对市场变动的感知和把握就会相对迟滞，从而无法灵活应对外在变化，也不利于企业创新；而权力过于下放分散，也不利于企业对宏观战略发展的控制和管理，无法发挥不同部门间的协同效应。

纵观实现基业长青的百年企业，无不是根据具体的发展需要，积极地进行管理模式的变革，从而激发出企业新的活力。

4.3.3 市场创新：发挥“倍增效应”

市场是企业进行营销最为外显的部分，它与消费者直接面对面地交流，一旦出现差错，企业很可能前功尽弃。因此，市场成为所有企业最为关注的地方之一，市场创新也成为企业创新最为活跃的一部分。

市场创新是通过对传统市场的交易方式、消费方式、物流方式、促销方式等进行改变，从而开拓新市场、提高营销效率、降低营销风险。无论是显著的市场创新，还是微小的市场创新，只要能够带来好的市场效应，就是有效的创新途径。

一般来说，市场创新途径主要包含以下五种。

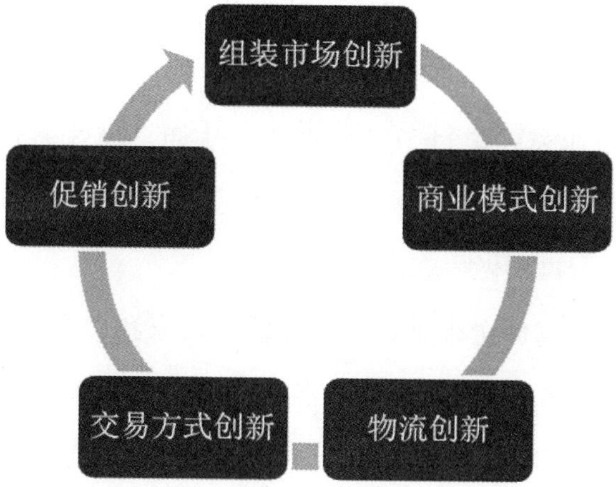

1. 组装市场创新

组装市场创新即通过整合传统市场中分散的消费者和供给者，改变原来的消费和供给方式，让消费者更加方便地找到所需的产品和服务，让供给者可以提供更为集中、专业的产品和服务。

随着人们生活水平的提高，消费者对产品的质量要求越来越高，对产品的种类要求也越来越多样化，这些需求里都隐藏着很多市场机会。

比如，人们过去买房，只要房子质量可以就行，但现在人们还要关注物业管理。为了满足人们的这一需求，很多房地产公司又开发了物业管理业务，不仅提高了房产价值，还为公司增加了收益。

2. 商业模式创新

猪八戒网是一家中国最大的在线中报平台，2015 年 6 月宣布获得 C 轮融资 26 亿。其 CEO 朱明跃在谈到商业模式时说："我把猪八戒网的商业模式称之为数据海洋与钻井平台的商业模式。我们通过原始的服务项目交易，获得海量的用户数据和作品数据。随着交易规模越来越大，我们的海洋也就变得更大。

在这个海洋上，我们陆续开通一个一个的钻井平台，这个商业模式就会越来越清晰。”

猪八戒网的商业模式经过了三次进化：从佣金模式，到降低佣金 + 增值服务模式，再到免除佣金 + 数据海洋与钻井平台模式。这其实也代表猪八戒网从做网站到做平台，再到做生态的三个台阶。

起步之初，需要靠佣金来维持网站存活。买家和卖家都在网站得到了各自想要的东西，如果网站不收佣金，很快就会玩不下去，对他们也有影响。因此，收取佣金这个盈利模式是三方共赢的，大家一起将这件事合力往前推。

等到在业界做出了些名声，网站上的高额订单多了起来，原先 1000 元收 200 元佣金，多数人不计较，现在 10 万元收 2 万元佣金，多数人心里就不乐意了。这时，猪八戒网又找到了新的模式，降低佣金，开发出跟淘宝“直通车”类似的“推广通”，给卖家提供付费引流服务，还有首页付费滚动广告，以及提供第三方支付的“服务宝”。基于平台上流量巨大，这些服务才能够创造不菲的效益。此时，猪八戒网已经从做网站迈上了做平台的台阶，项目成交佣金、会员费和广告费是猪八戒网最主要的盈利模式。

第三步，就是做生态，这是猪八戒网现在正在做的。朱明跃和刘川郁研究了大量互联网成功案例后认为：“猪八戒网更重要的价值在于我们通过这 8 年积累了海量的中小微企业用户、数以千万计的有专业技能的服务商和庞大的原创作品库。”

这时，产品已经成为入口了。围绕交易平台沉淀下来的宝贵资源是猪八戒网现在以及未来根深叶茂的肥沃土壤。例如 2014 年成立了商标注册服务团队，为这个平台上海量的中小微企业提供商标注册服务。仅仅用了半年，猪八戒网就成为国家商标总局里平均单日注册量最高的公司。也许有一天，猪八戒网会像阿里巴巴的“蚂蚁金服”一样，给平台上的客户提供小额贷款。这在理论与实际上都是可行的，毕竟，大量商家的数据在手里，能将风险用最简捷的方式控制到最低。

商业模式一变，打法也就随之改变了。猪八戒网开始介入线下的企业孵化，“放水养鱼”。虽然很多地方都在建设孵化器，但找到公司入驻却很难，或者即使找到了，这些孵化器也没有“造血能力”，无法为公司提供客户。而猪八戒网自带客户资源去和当地孵化器合作，解决其“概念大于内容”的问题。

任何一家如雷贯耳的公司，都经过了一段艰苦的早期探索。马化腾在创业早期，一度因为资金紧张想以数十万元的价钱卖掉 QQ；百度在成为独立搜索引擎之前，甘居幕后为其他门户网站做了多年的嫁衣；六间房在做网络直播之前，债主无数。

艰难困苦，玉汝于成。模式模式，是磨出来的招式；战略战略，是战出来的策略。

3. 物流创新

通过改变销售渠道可以降低成本，也能为用户在源头上保障质量。在传统的销售模式中，商品需要经过批发商、零售商，然后才到商店向消费者销售，而现在很多产品都是由厂家直接对接超市，减少了中间的物流及销售环节，降低了销售成本，并且可以更直接地帮助企业获得市场信息。

不少企业还会自建网络或入驻电商平台，直接面对消费者，这在过去是没有的。可以说，物流创新是市场创新的一项巨大成功。

4. 交易方式创新

过去的交易方式比较单一，但随着时代的发展，各式各样的交易方式不断涌现，为人们的生活带来了极大的方便，比如邮购、网上购物、电视购物、按揭购房、信用卡购物等。

5. 促销创新

促销作为一种常见的扩大产品影响力的方式，通常会通过某种手段来吸引顾客的注意，起到推广产品的作用。但是，促销又是一种极易被模仿的方式，当绝大多数厂家采用同一种方式进行促销时，消费者就会司空见惯，没有新鲜感，促销效果也会明显降低。如果厂家一味地进行促销，这无疑会成为一笔得不到回报的开支。

就像打广告一样，每个厂商几乎都在请明星打广告，这种千篇一律的广告促销方式，不仅起不到理想的效果，还增加了厂家的成本。所以，促销创新具有时效性，只有比别人更有新意，做到与众不同，才会起作用。

米其林集团是全球最大的轮胎公司之一。米其林集团在全球拥有12.5万名员工、170多个销售与市场机构、74家工厂、6个橡胶种植园。很多著名的汽车品牌，像奥迪、保时捷、本田、标致、雪铁龙等，都是“米其林”轮胎的忠实用户。

米其林最初设计出可换自行车轮胎之后，人们都对其表示怀疑。为了得到大家的认可，米其林寻找各种机会，通过参加各类自行车比赛向人们展示轮胎的可用性与优越性，以比赛中所获得的优异成绩最终赢得人们的信赖。这种市场创新，用切切实实的成绩说服了消费者，获得了消费者的青睐并带动了他们的购买行为。

汽车面世时车轮采用的是硬质材料，因此经常断裂。米其林公司针对这一缺陷，设计出了充气型轮胎，最初没有人相信利用简单的气压原理就可以将问题解决，大家都不敢对这一创新进行尝试。最后，米其林自行设计汽车，安装上自己设计的充气轮胎参加巴黎的汽车锦标赛。比赛过程中，米其林兄弟亲自驾驶，不但跑完全程，还远远超出对手，赢得了第一。通过这次比赛，米其林公司充分向大家证明了充气轮胎的实用性和优越性。

为了让人们认识充气轮胎的优点，米其林专门成立了汽车竞赛部，每年都会组织内部成员经过训练参加各种汽车比赛。在参加的各种比赛中，不管是汽车比赛还是摩托车比赛，都取得了不错的成绩。从此，米其林轮胎销量大增。

与其他创新相比较，市场创新的一个鲜明特点就是具有时效性，原因有两个：一是市场创新并不难，相对于其他创新要简单，二是市场创新虽然简单，但是很重要。所有企业都知道市场创新的重要性，而且创新对专业技术的要求比较低，模仿起来也比较容易，因此，企业之间在这方面的竞争比较激烈。

因为市场创新具有时效性，所以它为企业提供的优势必然不会长久，因此，在获得成功的时候，企业需要积极寻找另一个创新机会。

4.3.4 【案例】壳牌：解密“世界上最赚钱的公司”的管理创新模式

荷兰皇家壳牌集团成立于 1890 年，总部位于荷兰海牙。经过 100 多年的发展，壳牌集团已经成为世界第一大石油公司。

壳牌集团的基业长青与持续的成长能力，得益于集团在发展过程中不断进行管理创新，形成了有效的科学管理模式。“壳牌模式”成为“世界上赚钱最快的管理模式”，也受到了其他企业的广泛推崇和学习。

壳牌集团庞大高效的组织结构是推动其不断发展的重要因素。与其他世界 500 强企业相比，壳牌的组织结构是独具特色的“金字塔”模式：最上层是两家相互独立的母公司，接下来依次是控股公司、服务公司和数量众多的运营公司。

荷兰皇家壳牌集团由两大母公司合并成立：荷兰皇家石油公司与英国壳牌运输与贸易公司。作为两家公开上市的公司，它们相互独立，地位平等。在股权分配上，前者拥有集团 60% 的股权，后者有 40% 的股权。集团的最高领导机构也由两大母公司高层的董事组成。

集团下辖三家控股公司：欧洲范围内的英国壳牌石油有限公司；经营亚洲业务的荷兰壳牌石油有限公司；美洲大陆的美国壳牌石油有限公司。通过三家控股公司，壳牌集团的业务得以在全球范围内展开，极大地扩展和巩固了集团版图。另外，三家控股公司还持有下层服务公司的所有股权，并直接或间接地占有集团几百家运营公司的所有股权。

服务公司在壳牌集团的组织结构中具有十分重要的作用。服务公司虽不直接负责具体业务，但需要为集团下辖的几百家运营公司提供决策、技术、市场等各个层面的信息和建议，以推动营业公司的业务发展。根据服务的侧重点和方向，壳牌集团的服务公司分为技术导向型和商业导向型两类。前者提供设备检查等石油开发的专业性技术支持；后者提供市场分析、决策建议等商业运作支持。

最后是“金字塔”底层的几百家营运公司，这是壳牌集团组织结构的主体部分，具体负责集团的各种业务。为了促进集团业务在不同地区的开展，壳牌集团给予营运公司很大的自主权，仅持有部分股份。同时，服务公司对营运公司的支持也严格遵守“地方负责”的原则，只提供相关的服务与建议，并不参与运营决策。

在这种庞大而又合理高效的组织结构支撑下，壳牌集团的业务版图扩展到了 140 个国家和地区，雇员近 9 万人，形成了五大核心业务模块——勘探和生产、油品、天然气和电力、化工、可再生能源。

4.4 价值链创新：构建基于企业价值链的创新管理体系

4.4.1 企业创新管理存在的问题

通过收集企业资料、与企业人员进行交流及问卷调查的形式，对企业的创新管理进行分析之后，发现了以下三个层面的问题。

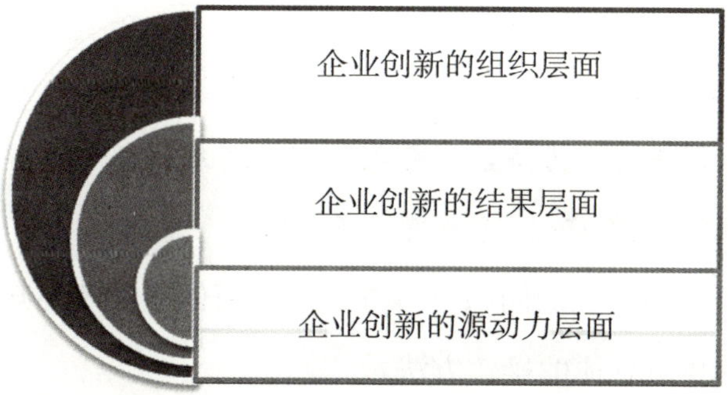

1. 企业创新的组织层面

· 没有形成成熟的创新管理体系，其具体的创新流程与各模块之间没有进行有效整合，无法形成统一有效的管理，难以为企业带来良好的创新发展模式与生命力持久的创新机制。

· 欠缺创新规划，在具体的创新战略与最终目标上没有共识，也没有明确创新发展的重点方向。

· 创新的运营管理还不规范，大部分创新管理只是虚有其表。

· 没有与之配套的创新保障体系，员工的创新热情与动力不足，无法主动进行创新。

2. 企业创新的结果层面

· 创新的价值得不到充分体现，尤其是创新的绩效指标无法与创新价值相匹配，创新的总体价值目标得不到充分显示。

· 创新的集中点没有放在提高客户价值的创造能力上，新的项目也没有展开全方位的推广，更谈不上能给企业带来可观的经济效益，创新的过程没有发挥出很好的结果。

3. 企业创新的源动力层面

· 企业内部对创新理念的理解存在差异，企业高层与员工对创新的认识不统一。

· 创新能力尚待提高，创新的动力不足，无论是企业的内部推动力还是外在的竞争对手所带来的压力与紧张感都没有得到充分有效的发挥。

· 创新的资源没有保障，资金投入还不够。

对于这三个层面存在的问题，一方面要运用创新管理的知识进行研究和分析，另一方面要找出具体的操作方法。

4.4.2　如何让企业创新管理体系落地

1. 创新价值链——创新管理体系建设的基础

创新价值链涵盖创新与价值链两个方面，二者融合过程中的价值产生、价值增值、组织结构等都在这个链条中得到充分表现，能够对创新的价值转移过程与价值创造过程进行展示。企业创新管理体系建设的基础，就是保证创新价值链中的各个节点既能充分发挥自己的功能又能形成一个整体，发挥主体的力量，最终实现产生价值的目的。

创新价值链可以分为产生创意、开发创意、应用推广、衰落或被取代四个阶段。下图清晰地体现了价值的创造过程，以及与之相对应的关键点。

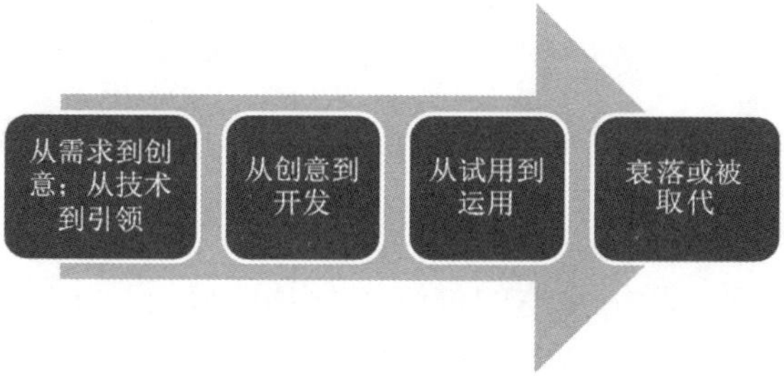

创意	• 大家能提出和愿意提出好的创意吗？
提案	• 好的创意能否形成好的解决问题的提案？
筛选	• 我们是否擅长筛选提案并为他们提供资金？
项目	• 项目开展是否有相应的管理监控和资源保障？
成果	• 我们是否能准确、客观地对结果进行评定？
推广	• 我们是否擅长把已开发出的创意推广到整个公司？

2. 构建三层面、十维度的创新管理体系

西方学者罗伊 · 罗斯韦尔对创新管理体系有比较精确的定义：企业全方位应用创新的战略、流程、组织、手段去研究新技术和开发新产品所产生的管理体系。通俗来说，就是企业提出创新目标，并在这一目标实现过程中所运用的一整套联系密切的要素的集合。

创新管理体系存在的意义：将企业中能够应用到创新中的所有要素集中起

来，在创新总目标下，各要素各自完成任务的同时紧密联系，发挥集体力量，把创新的目的与创新的具体实现过程详细地表现出来。

企业要进行创新管理，必须先了解完成创新目标所需的资金、人力、物力等条件，然后将这些方面的资源投入到位。在准备工作完成之后，还要有相应的组织机构去明确需要研究的创新活动并对这些活动的不同任务与链接点进行清晰的定位，最终找出这些活动具体的实现方法。另外，还要有相应的监督与管理机制确保这些活动能够被科学有效地执行，及时纠正其中的方向性错误。

下图是通过对创新产生价值的过程进行具体分析得出的三层面、十维度的创新管理体系。

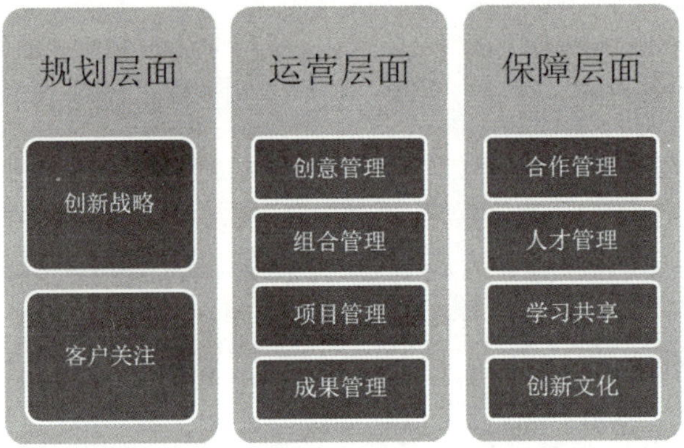

这个三层面、十维度的创新管理体系中的规划可以对运营进行引导与监督，运营是价值链在运作过程中的具体要求和表现，而保障是对运营的支撑，使运营的速度和效率都能得到提高。

4.4.3 如何诊断与衡量创新管理的成熟度

创新管理能力的提升是一个逐渐发展的过程，它需要历经初始、发展、成熟、完美四个过程，而创新管理能力的建设则涵盖了从初具规模到最终成为行业领头羊的不同程度和阶段。

企业的创新管理能力到底如何，单纯的个人评价并不能让人信服，需要一套能够对企业的创新管理能力进行有效诊断和全面衡量的评估工具，只有这样才能科学合理地找出企业创新管理的缺点与不足。

创新管理成熟度模型是基于此种需求，在总结相关资料并考虑到创新管理具体框架的基础上提出的。

成熟度模型的原型是 SEI 关于软件能力的成熟度模型，主要分成熟度等级、内部结构两个层面。创新管理成熟度模型中的成熟度等级分别表现了创新管理能力在各个阶段所具备的不同发展水平。

创新管理成熟度模型从创新管理体系的阶段特征、流程、组织、工具方法几个层面上对创新管理成熟度进行有效评估。下表从创新战略的规划角度表明了创新管理成熟度模型的具体框架。

<table>
<tr><th></th><th>P1 初始阶段</th><th>P2 发展阶段</th><th>P3 成熟阶段</th><th>P4 完美阶段</th></tr>
<tr><td>整体描述</td><td colspan="4">创新战略给企业进行创新做出明确的指导，能够为企业的创新方向与达成目标提供具体思路。它需要与企业的其他战略、当下发展的具体情况相结合</td></tr>
<tr><td rowspan="3">阶段特征</td><td>创新战略不明确</td><td rowspan="3">创新战略实施的各个部门没有发挥出集体的力量</td><td rowspan="3">创新战略与企业的其他战略相融合，相互促进，共同发展</td><td rowspan="3">创新战略具有极强的适应性与未来的预测性，并能与企业的运营战略动态结合</td></tr>
<tr><td>创新的方向与核心要素不清晰</td></tr>
<tr><td>创新的具体内容连贯性不强</td></tr>
<tr><td>流程</td><td>没有形成清晰的流程，只有领导层的主观判断</td><td>各部门的流程清晰、分工明确，还配有相应的监督</td><td>企业整体上的创新战略流程得到具体的确认</td><td>企业的个人、团队、组织的创新流程能够有效配合</td></tr>
<tr><td rowspan="2">组织</td><td rowspan="2">没有具体的人员去负责创新战略</td><td rowspan="2">企业层面上的创新战略得不到重视，部门负责人负责自己领域内的创新</td><td>企业的创新战略有专门的人员负责去定位、执行、监督</td><td rowspan="2">创新战略委员会全权接管企业的创新战略与日常运营战略</td></tr>
<tr><td>根据外部环境变化动态地改变创新战略</td></tr>
</table>

（续表）

	P1 初始阶段	P2 发展阶段	P3 成熟阶段	P4 完美阶段
工具方法	企业没有形成专门的创新战略管理工具，创新的方向与要点依靠主观判断	各部门有自己专门的判断创新内容的工具	掌握创新空间、创新组合，明确创新战略	创新战略与公司其他战略的工具能够结合使用

该表格在水平方向上对每个要素的成熟度等级进行了具体描述；垂直方向上又从整体描述、阶段特征、流程、组织、工具方法几个方面进行说明。

创新管理的成熟度模型，可以在企业创新管理能力的各个发展水平上给予相应指导。不同企业的创新管理能力都可以在这个模型中找到标准，从而通过这个标准对企业的创新管理能力进行评判，指导企业进行纠正，帮助企业发现自身在创新管理能力上的不足。

4.4.4 创新管理体系的六大关键点

找出企业在创新管理中存在的问题只是企业构建创新管理体系的第一步，重点应该是对这些问题的根源进行分析并制定解决方案。根据上文提出的核心理论依据，可以总结出提升企业创新管理体系的六大关键点。

1. 明确创新方向——保证组织做正确的事情

创新管理体系的构建应该健全、合理，有具体的创新管理目标和内容，能为企业的创新管理提供引导，避免发展轨迹偏离轨道。

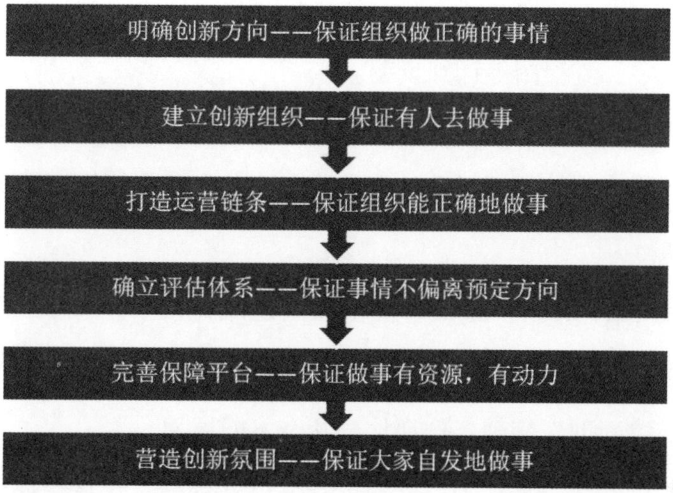

然而，想要建立科学健全的创新管理体系绝非易事，需要企业不断投入大量资源去逐渐改善。基于创新管理成熟度模型中企业所处的不同阶段，企业要灵活地考虑自身的发展状况，明确不同阶段的创新方向，对企业的创新管理体系建设做出科学的规划。

2. 建立创新组织——保证有人去做事

创新管理体系的建设需要企业建立专门的创新组织，这一组织要有能够结合企业发展状况的管理模式。在企业的创新管理模式中，需要根据分工的不同选择合适的部门和负责人，并根据创新的定位、运营、管理等的不同，设立专人负责的委员会、评审团等机构。

只有组织真正运转起来，积极地发挥组织人员的作用，才能逐步完善创新体系，给企业带来明显的经济效益。另外，企业要根据具体的组织体系建立与之配套的运作模式，涉及创新工作的业务流程、会议、日常运营等多个方面。

3. 打造运营链条——保证组织能正确地做事

运营链条的构建需要对具体的流程有清晰的定位，通过对创新价值链的研究，细分创新管理工作并定位要点。然后，使这些要点以创新管理模型为依托建立包含提案、立项、成果推广等具体工作的管理流程，并且每一个流程都应配以图表、文字、流程图等详细说明。

除了管理流程之外，还应该制定具体的措施来保障这一流程能够真正实施下去。企业要明确细分创新运营的管理要点，确保工作能够直接落实到具体的个人。

4. 确立评估体系——保证事情不偏离预定方向

要建立评估体系首先便是对创新评估进行分类，根据对创新价值链与管理要素的研究，找到创新管理工作评估的几个不同层面。

找出评估的几个层面之后，还需要建立一套标准。在这些标准中建立由评估指标组成的创新评估体系，并使这套评估体系能够真正在评估工作中发挥实际作用。

企业的创新评估体系应该包括对管理体系、绩效、运作三个方面的评估。对管理体系的评估，可以用创新管理成熟度模型、创新管理能力评估、创评估氛围计量表等评估工具；对绩效的评估，可以用数理统计、运筹学原理和特定指标体系等评估工具；对运作的评估，可以有创意筛选、创新立项、成果评审等几项标准。

5. 完善保障平台——保证做事有资源，有动力

针对创新管理中的保障措施可以从管理要点、管理工具、激励考核、支撑平台建设几个角度来考虑，由它们建立可靠的保障平台，保证企业的创新工作更有动力。

在管理要点的保障角度上，企业应考虑的是明确创新管理工作所处水平下的管理要点，分工明确、责任到人。

创新的激励与考核的保障，要建立在企业原有的考核体系基础上，根据这些创新管理工作人员分工的不同，采用动态考核标准。另外，激励措施一定要得当，

有针对性地为不同的部门采用不同的激励机制，确保发挥他们的创造积极性。

在创新管理的实施过程中，可以灵活地运用一些工具，比如，创新氛围计量表、创新价值链、项目组合对比法、顾客效用分析图等。除此之外，企业的创新管理工作体系也可以加入科技元素，比如，建立一套完整的创新管理电子平台开发方案，使创新管理也能朝着电子化、科技化的轨道上发展与迈进。

6. 营造创新氛围——保证大家自发地做事

创新氛围的营造需要企业人员的共同努力，它依赖于企业的创新文化，创新文化能够给企业带来浓厚的创新氛围。因此，企业可以将有利于创新的文化要素与当下流行元素结合起来，形成一些朗朗上口、主题鲜明的创新口号，为企业树立创新理念，营造创新氛围。

光有创新文化还不够，企业还要想办法将其流传开来，使得上至企业领导下至基层员工都能够认可并接受这种文化。

创新管理体系的构建比较复杂，企业要熟练运用以上方案，还要结合具体情况并考虑当下所处的时代环境，发挥务实之风，真正将创新管理体系当作关乎企业生死的大事来重视。

CHAPTER 5

百年基业的灵魂：企业文化的构建、积淀与传承

5.1 企业文化铸就百年基业：让企业文化落地

5.1.1 思路：让企业文化根植于战略管理中

要实现企业的成功转型，企业文化的升级是不可或缺的环节。

每一家企业都有自己独特的文化属性，不同的文化属性会给企业带来不同的结果。让企业文化落地，释放其能量，需要解决两个重要问题。

- 落地的内容，即企业应该构建何种文化理念体系，使其既能从企业自身出发，又能推动企业的战略发展需要。
- 落地的方法，即怎样实现文化落地。

要解决以上两个问题，需理清企业的文化、战略以及管理三个方面的关系。

企业文化是指由企业内部所奉行的价值观、信念、处事方式、仪式等组成的一种特有的文化形象。企业战略能够为文化的建设指明方向，因此在构建企业文化的时候首先要明确企业的战略，同时通过企业文化的发展来支撑战略的执行。比如在食品行业，企业最重要的应该是品质理念；而在交通领域，最重要的应该是安全理念。

在企业战略的基础上构建文化理念之后，下一步工作就是要实现文化落地。一般情况下，企业在实现文化落地上普遍采用的方法是培训以及公司活动等方式，但这样的方式通常会导致企业文化的虚化，不能让企业文化真正发挥作用，因此企业应该为文化寻找一个“粘着点”。

这个“粘着点”就是企业管理，包括具体的管理手段、管理流程以及规范化的管理制度等。如果企业管理能够与文化保持一致，那么在企业内部就会营造一种良好的环境，在这种良好环境的基础上引导员工的行为，确保员工的行为与企业文化理念相一致。

为了实现企业文化有效落地，企业需要持续不断地评估，从而使企业的战略、管理以及文化形成一个互相联动的关系。评估的点主要在两个方面：一是企业的管理行为与文化理念是否保持一致；二是企业的管理行为能否符合企业的战略发展需要。因此，当企业要进行战略转型的时候，首先需要在新的战略目标上构建全新的文化理念。

5.1.2　方法：让企业文化有效落地的七大策略

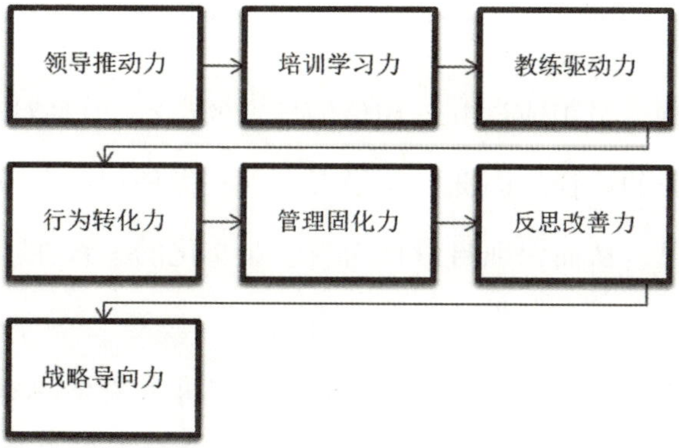

1. 领导推动力

美国麻省理工大学斯隆商学院教授艾德加·沙因认为：企业文化主要来自于组织创建者的信念和价值观，同时组织成员在发展过程中的学习经历以及新成员所带来价值观也会影响企业文化的形成。

因此，企业领导者的价值观和言行是推动企业文化落地的重要力量，而实现企业文化落地的首要任务就是要建立领导者的自我管理机制。比如，海尔张瑞敏的砸冰箱事件就是一个典型的例子，通过这一行为来提高员工的质量意识，增强员工对品质理念的追求。张瑞敏砸冰箱故事不仅让一批批的海尔人能够始终铭记公司的文化理念，同时也为众多的国内企业树立了良好的榜样。

领导者的自我管理理念包括三个层面的含义。

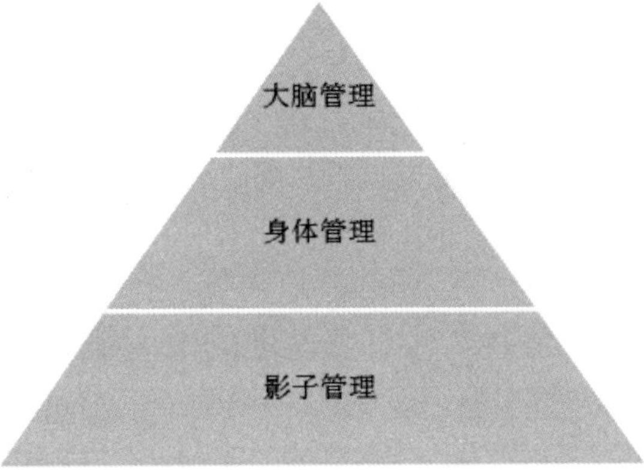

（1）大脑管理。员工或许并不相信领导者的说辞，但是对于领导者的行为，他们总是给予充分的信任。因此，领导者不管在做任何决策或者管理行为的时候都应该及时反思，从而保证自身行为与企业文化的一致性。

领导者行为在企业文化塑造方面的作用主要体现在六个方面：领导者怎样分配企业资源；领导者在企业遇到重大事件以及危机时的反应；领导者的角色塑造以及所参加的相关教育、培训工作；领导者关注、控制以及衡量企业的哪些方面；领导者怎样对员工进行奖赏和激励；领导者怎样对员工进行招聘以及晋升。这些都是领导者在管理过程中需要关注的方面。

（2）身体管理。领导者要亲身参与到企业文化的落地实践中，让员工意识到企业文化的重要性。比如，领导者可以亲自为员工制定企业文化相关培训；与员工一起参与企业文化活动，并通过活动的开展与员工一起分享企业文化的价值。

（3）影子管理。当领导者分身乏术的时候，可以将其有关文化理念的讲话以及视频等散播到员工中间，向员工传递其对文化的重视。

2. 培训学习力

利用正确有效的培训可以帮助员工更好地理解企业文化以及文化管理的方法，从而可以利用文化来指导员工的行为。比如，阿里巴巴在发展初期实力还较弱的时候就开始对员工加强文化方面的培训；海尔也有专门的海尔大学对新员工进行系统的文化培训。

在对员工的文化培训上，企业需要制定一套完整的培训体系和制度，具体应该做到以下几点：

· 及时了解和掌握企业文化培训的需求。

· 增强培训课程设计能力，并逐渐丰富培训课程。

· 制定一套高效运行的培训体系。

· 随时评估和掌握学员的学习状况以及培训效果，并及时进行调整和改善。

企业在对员工开展文化培训的时候，也应该注意以下三个方面：

· 不同层级的员工或管理者应该有不同的培训目标和计划。对于高层管理者应该重点加强其企业文化与战略管理、企业文化与变革管理等方面的培训；对中层管理者则需要加强其企业文化与领导、企业文化的建设以及相关管理技能等方面的培训；对基层员工则需要重点培训其对企业文化、企业文化制度的内容以及企业员工守则等内容的理解。

· 掌握员工学习的节奏和过程，为其设计相应的文化培训课程，从而让员工可以更好地理解和认同企业文化。

· 通过互动式的培训以及学习等手段提高培训的质量和效果。

3. 教练驱动力

在企业内部培养一批企业文化志愿者，帮助其成为企业文化的教练，从而在员工的文化培训工作中发挥积极的驱动力。

比如，在一家食品企业中，对于中层管理者，要重视其个人成功经历的讲述；对于文化部员工，对其进行专业的文化管理方式的培训以及传授，更好地帮助员工将文化运用到工作中，为企业的战略发展服务；对于普通员工，则重点将其发展为文化志愿者，积极主动地为企业宣传文化理念。

将不同管理层级的员工发展成为文化教练，对企业文化理念的传递和发展具有重要意义：

· 员工之间的口口相传，可以促进企业文化口碑的形成，从而让员工更深刻地认同企业文化。相对于高高在上的领导者，员工更愿意相信身边的同事。

· 推进员工成为企业文化理念的传播者，可以帮助企业省去文化培训岗位，降低人力资源成本。

·“教”对于教授者来说是一种最好的学习方法，当文化教练在帮助他人学习和理解文化理念的时候，自己也会进一步加深对企业文化理念的理解和认同。

有的企业会选择在每一个部门选择几个认同企业文化的人，通过这几个人的力量促进部门文化建设，进而推动整个企业的文化建设。

作为企业内部的文化传播者，他们传播文化的方式具有多样性，比如撰写文化流行语、讲述有关文化的故事、画相关漫画、创作文化歌曲等。在海尔内部就有大量的文化漫画以及员工故事，通过这种有趣的形式将企业的文化理念传递给员工。

4. 行为转化力

在员工认同了企业的文化理念之后，还应该推动员工将理念转化为实际行为。

2001年“9·11恐怖袭击事件”之后，整个航空业都遭遇了沉重打击。美国西南航空公司在困境面前没有放弃自己的员工，宁愿承受巨额损失也坚决维护员工的岗位，极大增强了员工对企业“爱”文化的认同。

沐浴在“爱”文化中的员工，在工作中也更加积极努力，将“爱”的理念传递给客户以及公司。为了帮助公司渡过难关，员工还纷纷向公司献计献策，尽可能地降低公司的运营成本，有的员工甚至主动将自己的红利以及部分工资捐给公司，帮助公司维持正常的运作。

通过上下齐心的努力，西南航空公司在2001年以及之后几年都实现了赢利。2005年，史无前例的燃油高价让美国航空公司共计亏损100多亿美元，惟有西南航空公司不亏反盈。

增强员工对企业文化理念的认同，并将其积极转化为行为，可以参照以下几种方法：

·观察访谈法，可以咨询相关文化培训师以及部门领导者。

·鼓励和推动部门将企业文化转化为部门管理理念，从而推动员工将企业文化转化为自己在工作中奉行的一种信念，并通过企业文化理念的转化来指导部门的管理以及员工的工作。

·举行员工分享会，鼓励员工在分享会上给同事分享自己的文化践行方式以及效果，从而进一步增强其对企业文化的认同感。

·鼓励员工成为文化志愿者，在增强其对企业文化认同的同时，促进企业文化理念的传播。

5. 管理固化力

管理固化力就是通过制定与企业文化理念相匹配的管理策略，在公司内部创造出一种融入文化理念的管理环境，从而进一步影响和固化员工的行为。有的企业甚至将企业文化作为员工招聘以及晋升标准。比如，阿里巴巴就将企业文化以及价值观作为员工绩效考核中的重要部分。

那么，企业应该怎样打造管理固化力呢？以互联网公司的创新文化落地为例，大体包括以下三个方面：

（1）对企业的创新文化做出明确定义。

·创新观念：勇敢打破现状，事事敢于创新。

·创新原则：创新的目的就是为企业创造更多价值。

·创新方式：敢于尝试、接受失败、总结经验教训。

（2）根据每一条定义制定相应的管理制度和策略。

在创新观念上，公司内部成立一个专门的创新交流平台，鼓励不同层级的员工在平台上积极交流和分享创新思想和理念，同时在平台上提出自己的创意，每季度对员工的创意进行评选，排名前三的创意可以在进行可行性分析之后再推广落实。

此外，在公司内成立创新基金，按照一定比例分配给各部门，专门用于奖励提出创意以及创新行为的员工，从而鼓励员工的创新意识、增强企业的创新精神。

在创新方式上，设立创新奖项，包括“最佳创新奖”和“最佳失败奖”。前者主要奖励技术、产品以及流程方面有创新表现的个人和团队；而后者则主要奖励敢于进行尝试，虽然创新失败，但是却有所收获的个人和团队。

（3）明确每一项创新策略的执行部门和个人。

将每一项策略具体分配给相应部门以及相应责任人，同时规定执行策略的时间节点。

6. 反思改善力

在实现企业文化落地的过程中，企业还应该在内部营造一种反思质询的氛围，督促员工及时反思，从而保证自己的行为能够始终与企业的文化理念相匹配。

企业可以通过举行团队文化质询会或者自我反思的方式开展文化反思。具体而言，不管是企业的管理者还是员工，都应该时时对自己提出质疑：最近遇到了什么问题？怎样解决这些问题？这样做是否符合企业的文化要求？如果不符合，应该怎样改进？对于领导者来说，还应该问一下自己：怎样做才能让员工感受到是在遵循企业的文化理念来解决问题和采取行动？

7. 战略导向力

企业在进行文化评估时，不能单纯地谈文化和理念，这背离了文化建设的价值和功能。企业文化的评估应该包括两个层面的含义：

第一层是对管理行为评估，找出企业采取的管理行为中有哪些是与企业文化理念相一致的、哪些是不一致的，并从不一致中找到管理方面存在的缺陷。

第二层是对管理效能评估，也就是说企业采取的与文化理念相一致的管理行为中，哪些对企业的战略发展具有重要作用、哪些没有发挥作用，企业需要进行怎样的改善。

事实上，就是将企业管理行为作为桥梁，连接企业文化和企业战略，从而有效避免企业文化的虚化，为企业战略发展注入更多动力。

5.1.3 创新文化：让创新成为企业文化的灵魂

要想实现持续创新，需要一套能够促发创新行为的规则和机制。这种规则和机制并不是一成不变的，因为即便是同一个行业的企业，其创新机制也往往千差万别。

在国内通信制造行业中都十分优秀的华为和中兴，虽然同样注重创新，但由于对人性的假设和创始人个性的差异，其企业文化截然不同。华为是极具侵略性的“狼”文化，以目标和业绩为导向；中兴则是比较平和中正的“牛”文化，以稳健和人本为导向。

一般而言，可以通过下面三种方式来塑造以创新为核心要素的企业文化。

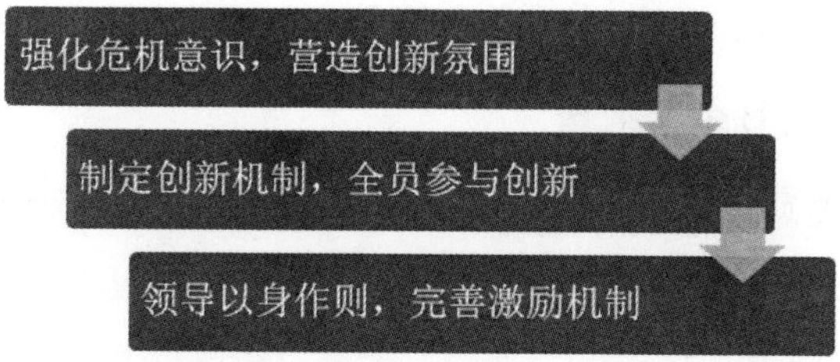

1. 强化危机意识，营造创新氛围

在日益激烈的市场竞争中，危机意识是企业创新的源动力，也是打造企业文化的第一步。只有企业所有员工都拥有“落后就要淘汰”的忧患意识，才能以更积极的心态不断创新进取，以应对市场中的竞争危机。

日本企业就将危机意识作为企业文化的重要一环。当年任正非去松下公司参观时，看到了张贴在会议室和走廊上的画，内容是一艘即将撞上冰山的巨轮。画下面的话让人印象深刻：“能拯救这艘船的，唯有你！”

可以说，正是这种时刻警醒的危机意识支撑着日本企业在全球竞争中占据优势。同时，这种对员工危机意识的培养也被任正非所认可并融入华为的文化中。华为在 2000 年销售额为 220 亿元，利润为 29 亿元，可谓形势一片大好。但任正非在 2001 年 3 月推出《华为的冬天》，大谈危机和失败。

企业要构建以创新为核心的文化，除了拥有强烈的危机意识之外，还需塑造一个有利于创新实践的内部环境，特别是坦诚沟通的企业氛围。

3M 公司（明尼苏达矿物及制造业公司）为了方便不同部门员工在阳台倒水时的沟通交流，特意将阳台的扶手镂空用来放置水杯。

通过对这种细节的设置，鼓励公司各部门积极沟通和交流，从而形成一个坦诚沟通的企业氛围。

为了鼓励员工交流自己的想法和创意，IBM公司专门打造了Thinkplace虚拟空间，为全体员工的交流沟通提供便利的平台。

另外，企业还可以从很多地方实现对创新氛围的构建，如办公布局、雕塑、画廊、办公环境的设计等。

2. 制定创新机制，全员参与创新

有危机意识和创新氛围，还需要一套完善的创新机制。这个创新机制主要包括合理化的建议制度、创新的方式、奖励的标准、及时合理的反馈兑现等内容。

制定一套创新机制并不难，比如很多企业都有合理化的建议制度，但实施效果并不如意。根源就在于这些企业忽略了创新文化的建设，没有及时对员工的声音进行有效反馈和激励，无法充分调动员工的热情和积极性，让员工持久地参与到企业的创新工作中来。

例如，一个公司老总抱怨说，以前员工在跟他聊天时总会有很多想法和创意，现在却只说一些表面的话，没有了以往参与企业创新工作的激情了。这个老总没有意识到，出现这种情况的原因，是企业对员工的想法和创意没有及时的反馈和奖励，也没能树立激励员工参与创新的先进榜样。时间长了，员工对参与企业创新的热情必然下降。

与之相反的是格兰仕公司弘扬创新文化的故事。公司总裁在得知一个研发小组的产品研发失败以后，亲自请该小组的员工吃饭并给予积极的鼓励，让他们不要放弃，勇于挑战。这种充分尊重每一

个员工创意成果并及时与员工沟通反馈的企业创新文化，让格兰仕拥有自主知识产权的专利大大超过同行。

3. 领导以身作则，完善激励机制

任何制度都是靠人来操作施行的。因此，在企业创新文化的建设中，领导的宏观把控和以身作则往往具有决定性作用。

首先，企业领导要充分尊重员工的自主性和独立性，给予下属充足的权限和空间来发挥他们的创新能力，释放他们的创新热情。一般来说，公司领导应该将精力放到对企业运营的宏观规划和整体的文化建设上来，而非沉浸在对琐碎事务的处理上。只有这样，才能减少员工的依赖心理，培养他们的独立性和创造性，增强企业整体的创新能力。

其次，企业的创新不是一个闭门造车的过程，而是在具体的生产经营中发现问题，及时沟通交流，突破原有途径以解决问题的过程。因此，良好的沟通渠道和平台是企业构建创新机制和文化不可或缺的条件。

希尔顿酒店每个月都会对大约 6 万名客户的满意度进行追踪调查，以此了解客户的真实想法，并进行相应的服务改进。虽然，此举让希尔顿酒店每年多出了超过 150 万美元的支出，却让企业的创新行为有了真正的立足点和着眼点，使企业能够最大限度地满足客户需求，占据市场竞争优势。

总之，企业既要重视物质层面的奖励，也要注重文化层面的引导。这样才有可能构建出一个激发全体员工长久参与热情的创新机制，并让创新成为企业文化的灵魂。

5.2 优秀企业文化的两大基因：以人为本 + 绩效驱动

5.2.1 如何践行以人为本的价值理念

知识经济时代，企业之间的竞争越来越表现为文化之间的竞争，企业文化不仅影响着企业的声望，同时也影响着企业的经营业绩。

美国著名的兰德公司和麦肯锡公司针对全球增长最快的 30 家企业进行了跟踪调查，并得出结论：世界 500 强企业之所以能够超越其他企业，成为世界领先的企业，根本原因在于这些企业非常重视企业文化的建设，并随着时代的演进为企业文化注入了更多新鲜活力。也正是因为持续保持生命力的企业文化，让这些企业得以发展百年。未来，随着时代的发展，企业文化将逐渐成为企业竞争力的基石以及决定企业兴衰的关键性因素。

虽然国内很多企业有非常好的经营业绩，但是真正具有良好企业文化基因的屈指可数。比如，有的企业在短时间内呈现了爆发式的业绩增长，但是当企业规模发展到一定程度之后就容易患上"大企业病"。

> 企业内部的官僚主义开始出现并日渐严重，遇到问题的时候同事之间相互推卸责任，很少有人主动承担责任；员工的抱怨声越来越多，企业的发展脚步放缓甚至停滞，企业文化逐渐失去活力；有的企业文化受企业管理者影响过于明显，而且并没有深入贯彻到企

业的制度以及管理中，因此一旦更换管理者，就会影响企业的正常运营，阻碍企业文化在企业经营业绩中发挥推动作用。

总而言之，虽然很多企业都在致力于构建企业文化，却很少有企业能够构建真正具有生命活力的企业文化。优秀的企业文化应该包含两个基因：一个是以人为本，另一个是绩效驱动。将这两个基因深度融合到企业的管理运营中，企业文化才能从理论层面落实到实际的管理以及员工的工作中。

要理解以人为本的基因特征，首先需要弄清楚“人”的涵义。企业文化中的以人为本并不是指企业里所有的员工，而是指能够认同企业文化，与企业奉行的理念相一致，并且对企业未来发展能够发挥作用的员工。因此，企业强调的以人为本，需要对员工进行差别化管理。

有一家企业希望通过改革来提高员工的工作积极性，为已经逐渐僵化的企业经营注入更多活力，但是因为对以人为本理念理解的偏差，导致了决策的束手束脚，采用了无差别管理方式。这大大挫伤了大部分员工的工作积极性，使优秀的员工不愿意真正发挥自己的实力。

因此，从某种程度上来讲，不少企业所谓的“以人为本”已经造成了一种实际的不公平，而这并非真正的“以人为本”本质的内涵。

正如“一千个人眼中有一千个哈姆雷特”一样，每个企业对以人为本的概念也有不同的理解。比如，杰克·韦尔奇认为，以人为本理念应该包括四个方面的内涵：

· 重视员工的招聘工作。

· 加强对员工的培训。

· 对员工实现差别管理，充分挖掘每一位员工的潜质。

· 善待员工，让员工感受到公司对员工的“爱”，从而使员工心甘情愿地为公司奉献。

那么，企业在落实以人为本理念的时候，应该从哪些方面入手？

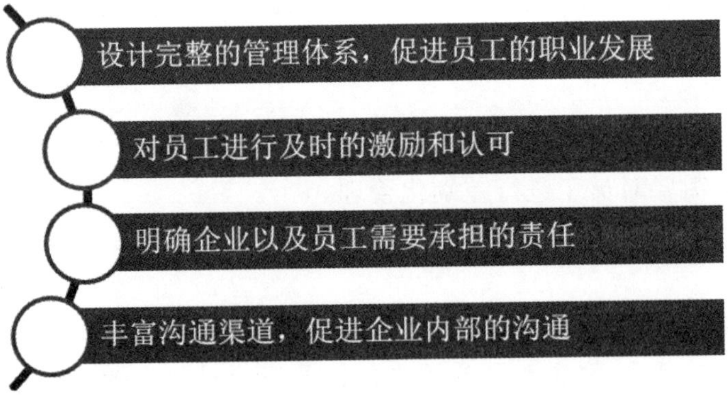

（1）重视员工的招聘、培训以及职业发展规划，设计一套完整的管理体系，促进员工的职业发展。

（2）对员工进行及时的激励和认可，这种激励可以是物质上的，也可以是精神上的。对于能力优秀的员工，可以给予他们更具挑战性的工作，或者让他们参与企业的管理并让他们有机会发表自己的意见，通过给予更多的重视帮助他们树立自信，从而在工作中发挥更大的创造性。

（3）明确企业以及员工需要承担的责任。本质上而言，企业与员工之间是一种雇佣关系，双方都应该承担促进企业发展盈利、遵循以人为本的文化理念以及促进员工个人职业发展、实现人生价值的责任，而且这些责任都应该明确标注在公司的制度里。

（4）丰富沟通渠道，促进企业内部的沟通。随着企业对内部沟通的日益重视，很多跨国企业开始在公司内部推行“走动办公”以及“无壁垒办公”，从而促进各个层级之间以及员工与管理层之间的沟通。但是要真正建立一个有效的沟通机制，最根本的还是要在公司内部营造一种公开、透明、平等、尊重的沟通环境，让每一位员工都有机会发表自己的意见。此外，管理者以及员工应该克服沟通障碍，通过有效的沟通解决双方可能存在的问题。

5.2.2　如何建立以绩效为驱动的企业文化

以一家大型的民营企业为例，在企业领导层独到的眼光指引下，再加上良好的外部环境，企业在几年之内实现了快速成长，并且拥有了广阔的发展前景。

然而，企业的高速发展有时候并不是一个良好的信号，也有可能潜藏着巨大的危机。比如，在企业领导层的影响下，企业文化中逐渐形成了一种“和谐”的文化理念，这种文化理念不仅为企业培养了一批忠诚度比较高的员工，同时也让新员工能更容易认同以及融入企业的文化氛围中。

在这表面“和谐”的背后，极易滋生不负责任的风气。一旦工作出现问题，员工之间就会相互推卸责任，而不是解决问题，同时公司内部也缺乏有效的奖惩机制。

时间长了，企业领导层成为最终责任的承担者。这不仅对企业高层管理者造成了巨大的压力，同时也影响了企业的运作效率，使企业的决策面临了更大的风险。从根本上来说，导致企业出现这种状况的原因就在于企业内部没有建立以绩效为驱动的文化和管理体系。

那么，企业应该如何建立以绩效为驱动的企业文化和管理体系呢？以下是需要注意的几个方面，企业可以从中获得一些启示。

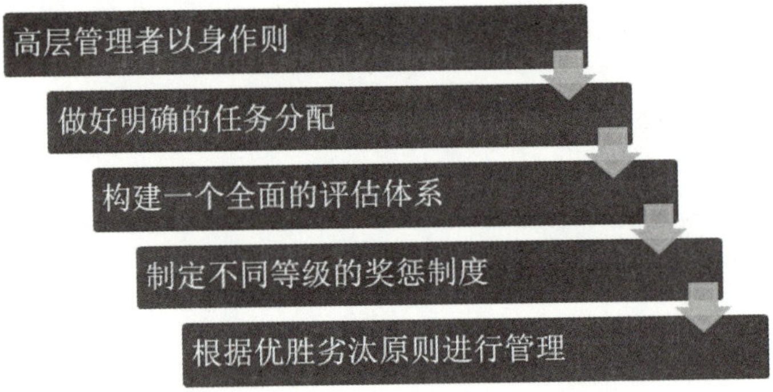

（1）高层管理者以身作则，亲身参与到以绩效为驱动的企业文化建设中。当企业的经营业绩不理想的时候，高层管理者应该站在最前面，承担起自己的责任，为员工树立一个良好的榜样，在公司内部形成一种旗帜鲜明的绩效文化。比如在很多跨国公司，如果经营业绩下降，很多高层管理者会主动请求降薪。

（2）做好明确的任务分配。对于企业的员工管理，最重要的就是要学会“人尽其才”，学会发现和挖掘员工的才能，鼓励员工发挥主观能动性，为企业的发展和成长做贡献。

（3）构建一个全面的评估体系，从而为企业绩效文化的实现提供重要保证。企业在建立评估体系的时候不仅要考虑具体的数字结果，同时还要重视员工在工作中的能力以及职业行为。此外，在为企业制定具体的业绩目标时，也应该考虑企业所处的竞争环境，而不是只纠结于具体的数字。

（4）制定不同等级的奖惩制度。可以根据员工的具体表现区别对待，从而实现员工的差异化管理，比如通用电气公司就在公司内部推行"三分法"奖惩手段。

（5）根据优胜劣汰原则对员工进行管理。如果员工的绩效表现不能达到公司的期望，那么企业就应该做出果断的管理决策，或是转岗挖掘员工的其他潜力，或是通过再培训的方式提升员工的能力，或直接将其淘汰，为更优秀的人才腾出岗位。在具体实施过程中，企业管理者可以在保证管理决策一致性以及尊重员工的基础上，针对不同员工的情况采取个性化措施。

5.3 在组织变革中推动企业文化持续创新

5.3.1 管理变革与文化评估：ICF 的七项评估内容

对于企业的变革管理来说，最大的困难在于：在企业认识到了变革的重要性和必要性以后，应该以何种战略方式来实行这种变革，以达到预期目标。

以往的实践经验表明，员工对变革的接受程度与企业文化息息相关，即员工更乐于接受那些与企业文化相符的变革。需要注意的是，这里的企业文化不仅仅指公司高层领导者推行倡导的一系列价值理念，更指员工在实际工作中对什么是奖励、什么是基本要旨等内容的感知。

因此，文化分析是公司策划和实施变革不可缺少的前提。只有了解了企业文化，才能预测员工对变革的接受程度，甚至发现影响变革有效实施和公司效益提升的关键问题所在。

在商业领域中，一般以整合文化框架（Integrated Cultural Framework，ICF）为工具对企业文化进行评估分析。具体来说，ICF 的评估内容主要包括以下几方面。

- 影响度：员工影响组织决策的程度。
- 不确定性容忍度：员工对于不确定性和风险的容忍度。
- 绩效导向：员工对工作的自信程度、目标导向性和绩效导向性。

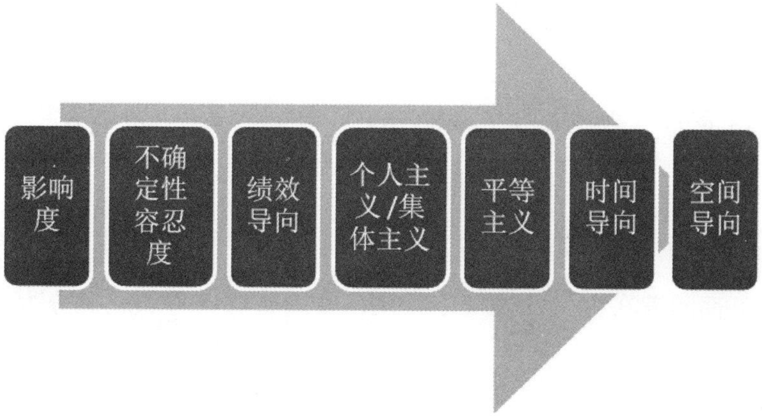

· 个人主义 / 集体主义：公司中存在的个人主义与组织忠诚度的对比。

· 平等主义：公司是否存在对所有员工都平等的晋升发展机会。

· 时间导向：公司的目标，使命对过去、现在与未来的价值观的偏重度。

· 空间导向：公司的空间布局到底是公开的还是隐蔽的，抑或是二者兼有之。

下面以两家公司（一家为家族企业，另一家为全球性的制造公司）为例，说明如何通过对企业文化的分析评估来增加变革成功的概率。具体来说，就是先采用 ICF 工具调查收集上述几个方面的员工数据，然后通过大量的相关访谈获得更多关于企业文化的实质性信息。

5.3.2 【案例】古德温公司：结构变革措施各就各位

美国的古德温公司是由托马斯 · 古德温于 1922 年创立的以制造和销售家用清洁类产品为主的家族企业。后来随着零售市场竞争的加剧，公司的业务重心逐渐发生了转移。古德温公司在洛杉矶、加利福尼亚、亚特兰大和佐治亚拥有了生产厂和经销处。

为应对劳动力成本的增加和公司发展瓶颈等问题，古德温公司对企业文化进行了分析评估，以此来确定合理有效的管理变革策略。

首先，利用 ICF 工具，进行了一项囊括四分之三组织成员（从管理人员到普通员工都涵盖在内）的调查；其次，将这些被调查的成员分为 13 个小组分别进行访谈。

结果发现如下信息。

·影响度：通过收集到的数据以及对成员的访谈，发现由于企业对员工的想法和意见不能给予足够的尊重和反馈，大大降低了员工参与公司变革的积极性，也减弱了员工参与企业事务的动力和热情。

·个人主义 / 集体主义：作为古德温公司核心价值观的团队精神并没有得到有效落实。从加利福尼亚和佐治亚两个州的管理团队反馈的信息显示，古德温公司管理人员相互之间缺乏协助，不同管理团队的信任度较低。

·时间导向：数据和访谈显示了古德温公司更偏重于过去和当下，对企业未来发展的战略规划不够重视，影响了企业的可持续性发展。

根据调查所反映出的问题，古德温公司从以下几个方面着手进行变革：

（1）成立战略管理团队，协调不同分部间人员的交流与沟通，以建立不同分部间的信任，合作解决公司面临的各种业务问题。

（2）充分尊重员工、顾客以及供货商的想法和意见，并及时进行沟通反馈。如创建员工电子评论箱，以提高员工参与公司政策和变革的积极性；对客户和供货商的满意度进行追踪调查，以便及时改善不足之处。

（3）在亚特兰大和洛杉矶两个管理团队中先行创立了公司发展愿景和使命，增强组织成员的主人翁意识。为彰显公司发展历史和渊源，重新归整公司早年的照片等“文物”。增强不同部门成员间的交流沟通和团队协作，为不同管理团队的相互信任建立基础。

（4）提升团队协作能力，以抢占更多客户资源。例如，正是通过团队间的合作，古德温公司获得了更多的新合同，并被一家大型化工企业所青睐，成为其在美国国内的首席服务商。另外，客户资源的增加对古德温公司的生产能力也提出了更高的要求，这就需要分部管理团队之间协作能力的提高。

通过一系列的举措，古德温公司逐步走出困境，焕发生机。

5.3.3 【案例】巴塔哥尼亚公司：强化公司使命感和战略方向

1966 年，因对传统攀岩装备的不满，乔伊纳德重新设计和生产出了更加坚固、简单、环保和多功能的攀岩装备，并在户外休闲服装和内衣类产品两个市场上拓展，成立了乔伊纳德器材公司（巴塔哥尼亚公司的前身）。

这个总部坐落于南加利福尼亚州的公司在全球拥有数千名员工，并在法国和日本设立了海外办事处。公司创始人乔伊纳德在出版的《*Let My People Go Surfing*》（让我的员工都去冲浪）一书中详细论述了公司发展运营中的管理原则。

巴塔哥尼亚公司独特的使命是：制造最优质的产品以减少可以避免的受伤。公司运营则依赖于面对环境危机时能够提出有效解决方案的经营模式。只是，面对风云变幻的商业环境和市场竞争，以及规模增长带来的运营复杂性加剧，公司初期的管理方法已经不足以应对新的挑战。因此，为了更好地确定战略发展方向，继续履行公司使命，对企业文化进行研究评估，并以此为基础进行相应的管理变革就势在必行了。

具体来讲，仍然是采用 ICF 分析工具，对办公室工作人员进行了 27 次调查，对 8 个部门的 15 名中高层管理人员（其中高层管理人员 4 人）分别进行一对一的访谈。

结果发现如下信息。

· 影响力：数据显示，员工认为其影响公司决策的机会相对较多，但是公司成员的普遍参与导致决策过程过长。

· 不确定性容忍度：由于缺少对员工想法、建议的系统性反馈流程，导致支持创新、鼓励冒险的公司氛围没有取得预期效果；另外，公司也面临着如何协调好产品安全环保的承诺和公司盈利之间的冲突。

· 个人主义/集体主义：公司试图通过各种方式营造集团荣誉感以增强公司凝聚力，如建立幼儿看护中心、提供综合健康保险及相应的安家措施。但是，鼓励创新的公司氛围和文化，在激发创造力的同时也使员工更具独立性和个人特质，在一定程度上限制了团队精神的增强。

总体来看，巴塔哥尼亚公司面临着两个亟待解决的问题：一是如何平衡激励个人创新和营造团队协作的工作环境二者的关系；二是如何在员工普遍参与的情况下，提高公司内部的信息流通和决策效率。

根据企业文化研究评价的结果和反馈的问题，巴塔哥尼亚公司可以通过以下几个方面的变革，强化公司使命感，塑造重视团队合作的企业环境，最终实现生产效益的提高。

（1）将与员工联系紧密的人力资源部门纳入高层管理指导组，协助部门主管制定战略培训计划；开设相关培训课程，推动管理人员及时有效地反馈员工的绩效表现；通过技能培训，提高员工的沟通技巧，增强他们的对外谈判能力。

（2）制定新人培训手册，让新入职员工能更好地了解公司的组织结构和产品从研发到销售的整个流程；通过发送乔伊纳德的书，让新员工了解和认可公司使命和相关原则。最终目的是建立团队协作精神，弘扬公司关于品质、团结与环保的核心价值观。

（3）通过各种方式强调公司使命感和工作意义的重要性。比如，动员所有员工参与到在智利和阿根廷开展的巴塔哥尼亚国家公园保护项目，让员工更加认可公司的使命和核心价值，并切身体会到他们工作的重要性。

（4）在新员工的选择上，重点考虑团队工作中所必须的知识和技能，特别是应聘者的团队协作能力，以便从一开始就能塑造优秀的团队精神。

企业文化的变革往往也意味着对公司原有价值某种程度的偏离，因此必然会受到原有文化价值受益者的阻碍和挑战。就巴塔哥尼亚公司来说，它对创新文化的极度重视和倡导，是许多员工走上高层管理岗位的根源所在。

因此，只有当这些人也认识到，面对新的商业环境和复杂的竞争形势，团队精神和协作已成为必然选择时，公司才可能有足够的底气从容应对日益激烈的市场竞争，并始终保持着竞争优势。

通过上面两个案例可以看出，对企业文化的分析评估有助于确定企业发展运营的潜在问题，推动企业的自我变革和完善。但是，作为企业自我变革完善第一步的文化变革，往往需要长期的人为干预，再加上金钱和时间等成本过高，很多公司常常难以成功。

可以先进行必要的结构性变革，作为文化改革的第一步。相比于直接的文化变革承诺，结构性的变革更容易激励员工以预期的方式完成目标。当这种结构性变革慢慢改变多数员工的行为方式时，必然会对原有的企业文化价值造成影响和冲击，从而推进整个企业文化的变革。

例如，巴塔哥尼亚公司通过改变新员工的融入方式，构建能够体现公司目标的员工行为规范，以培养团队合作精神，增强员工对公司核心价值观的认同，从而改变以往忽略团队精神的公司文化。同样，古德温公司也通过各种举措鼓励不同管理团队之间的合作，使员工能够持续开展对话，从而改变以往不同分部之间信任度低、各自为战的情况，塑造出重视团队协作的企业文化。

5.4 同仁堂的诚信文化：百年老字号的精神传承

5.4.1 诚信为本：同仁堂屹立 300 多年的经营之道

北京同仁堂是全国中药行业著名的老字号品牌，创建于 1669 年，至今已经有 300 多年的历史。在这 300 多年里，同仁堂始终恪守先祖流传下来的古训：炮制虽繁必不敢省人工，品味虽贵必不敢减物力。

> 在药材的选择上，同仁堂拥有自己的一套原则：取其地，采其时，注重药材的“地道”特色。同仁堂所用的人参取自东北吉林；蜂蜜取自河北兴隆；大黄取自青海西宁；山药取自河南；枸杞取自宁夏。
>
> 在对药材的加工上，同仁堂也一直恪守严格的加工程序以及工艺。比如，对于黄连的处理，需要仔细地将每一根须都去掉；对于远志，要去除其芯，防止为人体健康带来副作用。为了保持药品的口感，减轻患者在服药时的痛苦，同仁堂使用 80 目的萝过筛来筛选药材。为了保证紫雪丹的药效，坚持使用“金银锅铲”来炼制药材。同仁堂在炼制药材的过程中还有很多不为人知的细节，这些都是为了始终让药品保持上上等，用疗效来为自己的品牌代言，并为广大患者带来福音。

同仁堂之所以能在300多年的风雨中岿然不动，企业文化在其中发挥了重要作用。“同仁堂”这个名字本身就带有浓郁的文化气息，再加上其深沉的历史沉淀，同仁堂已经不再是一个简单的品牌象征，更是一种文化以及时代的印记。

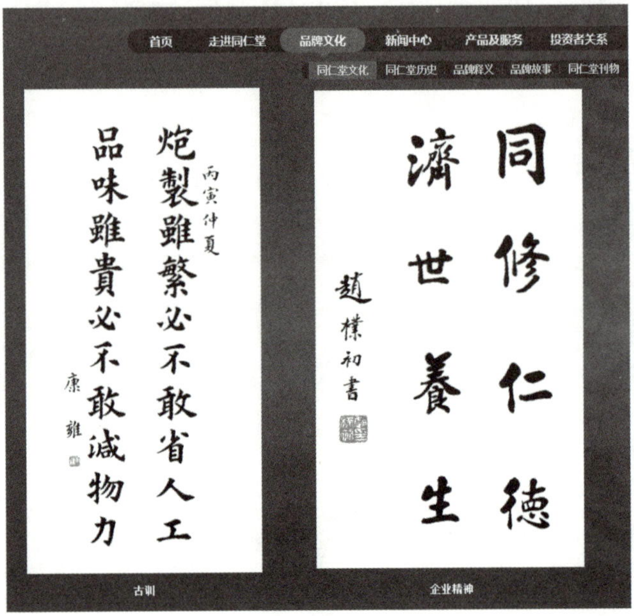

图片来源：同仁堂官网页面截图

同仁堂将中华民族的传统文化和美德融入企业的生产经营以及员工的素质培养中，形成了别具一格的行业特色与企业文化。其中，同仁堂“诚信为本”的经营理念使其在市场上建立了较高的诚信度，诚信是形成价值的基础，也是同仁堂历经300多年实践总结出来的重要经营之道。

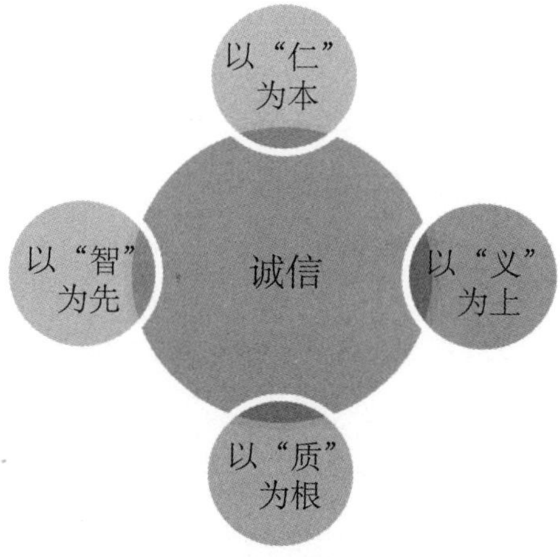

5.4.2　以“仁”为本：以仁爱之心对待每一位患者

在同仁堂300多年的历史文化沉淀中，显示了鲜明的文化特色，并实现了对中国“儒家文化”的一脉相承。“仁”是儒家文化的核心思想，同样也是支撑同仁堂文化的重要灵魂。

同仁堂在文化中倡导的“仁德”精神，原意是指仁者爱人、待人宽厚以及好施恩德，将其应用在企业文化中就是同仁堂始终秉承真理以及正义的品行，并将人类的健康以及生命视为自己肩上的重任。以仁爱之心对待患者，以诚实守信铸就传奇，取得广大民众以及患者的信赖和支持，从而将造福人类的追求推向一个更高的层次。

1. 以“仁本”创业

同仁堂的创始人乐显扬曾经提出“可以养生、可以济世者、惟医药为最”的理念，将行医卖药当作一种高尚的事业而非一种盈利的手段。

在乐显扬之后的历代同仁堂人，传承了先祖留下来的诚实敬业的高尚品德和节操，将其运用于企业实际的经营以及管理中去，同时以诚信、仁德的理念推动企业的发展和成长。

2. 以“仁本”立业

在同仁堂药店，人们可以享受到一系列便民服务，比如咨询服务，医生坐堂问诊，寄药、煎药、送药，为客人将药品加工成饮片或者成药等。一些本小利微的饮片是很多药店不愿意经营的，因为它不仅占库房，而且需要投入较多资金，收益也较低，同仁堂却从消费者的角度出发，始终如一地为顾客提供优质的饮片。

3. 以“仁本”续业

尽管时代在变化，同仁堂新一代的经营团队仍然传承了“仁本”理念，并在此基础上增加了更多新的内涵，提出了“善待”的思想：善待患者、职工、经营伙伴、投资人以及社会等各个客体，有效提升了企业内部的凝聚力以及外在影响力，为企业的发展提供了重要的动力。

5.4.3 以“义”为上：重视长远发展和持续盈利

同仁堂将“以义为上，义利共生”的经营哲学一以贯之，其内涵就是以义取利，不得不义之财，当“义”和“利”发生冲突时，舍利而取义。

同仁堂始终坚信，只要将“义”字摆在首位，讲求社会道义，承担起自己的社会责任，利润自然就会出现；反之，道德缺失或许能够图得一时的利益，却难以实现长远发展。

从长远来看，企业在经营中只有大义才能获得大利，如果只关注当前利益而忽视了长远利益，那么企业走不远。

1. 以义为上，先义后利

在历史上，同仁堂一直是一个重义的企业，比如为进京赶考的举人免费提供平安药，建粥棚、办义学、救济百姓……这些看似平常的小事，一点一滴都渗透进了百姓的心中，为其赢得了良好的口碑，从而树立起高大的品牌形象。

2. 以义取利，义利共生

从本质上说，“义”和“利”并不矛盾，在“甲肝”和“非典”事件中同仁堂虽然亏损，但是因此赢得了“人心”，在市场上获得了更高的信誉，从而为以后的经营发展创造了更有利的条件。从这一点来看，同仁堂确有远见卓识。

“利”是来源于“义”的厚积，“以义为上”的诚信理念成为同仁堂的一种品牌象征。“义利共生”是同仁堂在经营中奉行的重要理念，也是经营的一种更高境界。

5.4.4　以“质”为根：将质量作为企业的生命线

同仁堂在 300 多年的发展史中，始终将质量作为企业生存的根本，同时质量也是同仁堂实现“做长、做强、做大”目标的重要基础，也体现了对“仁本”的贯彻。企业要讲求“仁”和“义”，就必须注重产品质量，特别是制药行业是一个极其特殊的行业，事关百姓的生命与健康，一旦质量不过关极可能会危及人们的健康，更遑论仁义道德了。

因此，同仁堂历代的经营者都始终坚持“炮制虽繁必不敢省人工，品味虽贵必不敢减物力”的古训，严守质量大关。同仁堂依靠职工严格的自律意识以及自古传承下来的“质量至上、安全第一、疗效确切、万无一失”的责任和使命，在企业内部形成了一种独特的质量文化。

现如今，同仁堂已经发展为一个现代化企业，但是其对质量的执着追求没有改变，而且随着科技手段的不断提升和广泛应用，同仁堂在追求质量的道路上更加注重科学方法的运用。引进先进的科技手段，对企业的产品质量进行更加全面和专业化的管理，用科学的数据来制药和配方。同时，同仁堂还赋予了“质量”以更深刻的内涵，在确保产品质量基础上，不断对服务质量、资产质量以及经营质量进行优化升级。在过去或许同仁堂职工的自律性是其质量的重要保证，而今产品的质量保证则会依靠现代化的管理手段。

除了在产品质量上力求让患者放心之外，同仁堂还为顾客提供极为贴心的服务。同仁堂名下的零售药店多达上千家，每一家都坚持一个服务标准和理念：最大限度地让顾客满意。

同仁堂提出了“1%=100%”的服务理念，即自己的一次不规范服务就是让顾客100%不满意，在强调规范化服务的基础上为顾客提供个性化和差异化的服务，满足不同顾客的个性化需求。

随着人们生活水平的提高，人们对健康产品以及营养饮食提出了更高以及更加多样化的需求，同仁堂健康药业公司在经营中率先认识到了这一点，于是鼓励和支持营业员通过不断丰富自身的专业知识，积极向公共营养师的角色转型，为顾客提供更加专业的饮食指导，成为顾客的健康营养顾问。

这一举措不仅在传统的营销方式中融入更多专业化元素，提升了营销水平，提高了服务专业性，同时也在医药行业创造了一种新的高质量服务的典范。

5.4.5 以“智”为先：创新引领企业未来

同仁堂的历代经营者在继承先人传承下来的诚信文化的同时，也在随着时代的发展不断融入更多现代化元素和内涵，包括创新的思想以及先进的科技，从而创造了更加鲜活、与时俱进的企业文化，进一步铸就了同仁堂坚实的品牌形象。

1. 创新为动力之源

1992 年，北京同仁堂集团成立，从发展初期就注重先进技术的应用及创新，并在发展过程中取得了显著的成绩，在与同类企业的竞争中始终处于领先地位，使企业能够及时适应外部市场环境的变化，增强自身发展的持续性。

根据该公司内部出具的统计结果，自集团成立之日起到 2011 年，共完成了 171 项产品的自主研发，这些产品包括药品和保健品两种，药品（念部分仿制药品）所占比例为 55.6%。另一方面，集团对 100 多项传统药品加以改进，进一步明确了药品的使用规格、质量标准，并进行深入的临床研究。同时，在产品的制作及包装工艺、药品质量检测等技术创新方面取得了显著成就。除此之外，集团还拥有 130 项专利授权，发明专利占其中的 26.9%。

不仅是同仁堂的管理人员，公司全体成员都遵循“以诚信守天下，以创新求发展”的原则，将科技创新作为推动公司发展的基础动力，这也是同仁堂发展至今仍生生不息的原因所在。

2. 技术为效益之本

如今，医药市场上位于主导地位的是西药，面对激烈的竞争，中药只有符合市场需求，才能拥有自己的一席之地。为此，中药经营者需借助领先的科技手段，进行药品的深入分析与研究，提高产品质量，减少副作用，争取与国际水平接轨。

同仁堂拥有许多传统配方，经过卫生部门专业检验的药品达 1 000 多种，领先于许多同类企业。然而，大部分产品都是原粉类剂型，比如药丸、药粉等形式，服用比较麻烦，也不适合临床应用。为了解决这个问题，同仁堂的管理层决定通过技术手段改进自身的产品制作工艺，摒弃那些不适合时代需求的传统制作方式，推出与现今市场需求相匹配的产品剂型。

> 举例来说，传统大蜜丸每丸超过0.5克，直径达2厘米，服用时需捣碎、加水等，很难直接吞服，传统的六味地黄丸就是典型代表。为了解决这个问题，同仁堂组建团队对此类药品的剂型进行改革，先是将大蜜丸缩小为直径占原本1/4的小蜜丸，再提炼其中的药物成分，进一步缩小体积，之后又推出胶囊制品。同仁堂通过推出新剂型实现了与市场需求的对接，使中药产品更接近国际市场的规格。

同仁堂旗下的多个公司都参与到产品种类研发及新剂型研究的过程中，到2016年，集团已经拥有24种剂型，涵盖颗粒、散剂、药酒等多种形式。

与此同时，为了进一步提高整体的现代化水平，同仁堂在生产体系方面也进行了技术化改造。同仁堂通过移印技术、自动灌装技术、丸剂自动蘸蜡技术的开发及应用，提高了整体生产过程的效率；通过产权认证，采用机器的自动化操作代替人工，节约了人力资源成本；通过集中、批量化生产加速了企业的运转，从而将更多精力用于产品研发及改造方面，有利于提高企业的核心竞争力。

自北京同仁堂集团成立以来，始终将“转变增长方式，向科技要效益”的战略思想放在重要位置，通过先进技术的应用提升产品功效，制定严格标准，注重各个环节的创新，使百年老字号同仁堂焕发出新的生机与活力。

3. 创新 + 技术：百年老字号的转型升级

进入21世纪，同仁堂集团在技术研发及创新方面获得诸多成就，为医药领域的专业技术发展做出了贡献。

根据统计显示，同仁堂集团在 2011 年仅一年时间内就开展了 60 多项课题研究工作，包括开发新产品、部分药品的基础分析、深度研究等，还有一些科研项目取得突破性进展，并对医疗机构制剂进行深度探索，其中，超过 85% 的项目在这一年内完成了研究。另外，同仁堂集团旗下的公司研制出了一系列产品，被列在北京市首个产业化转化项目的名单中，并在同年进入上市阶段。

同仁堂旗下的公司在长期发展过程中，始终将创新作为己任，加大在技术研发及应用方面的投入力度，引进专业设备、吸纳优秀人才，通过与技术的深度结合推动企业的转型升级。

CHAPTER 6

百年家族：家族企业的治理、传承与可持续发展

6.1 深度揭秘家族企业内部治理与传承的症结

6.1.1 家族企业内部传承面临的三个问题

如何顺利实现代际传承，是家族企业能否长远发展的一个至关重要的问题。因此，研究影响家族企业顺利传承的因素，对已有的成功传承模式进行分析，能够为其他家族企业提供借鉴和启发。

经过多年研究，虽然人们已经发现了诸多影响家族企业顺利传承的因素，但是统一的分析框架的缺失使得这些因素不能被有效地整合起来，致使研究成果零散化，缺乏系统性。因此，构建一个较为宏观的分析范式，对影响家族企业代际传承的诸因素进行系统分析研究，精确定位不同因素在传承中的具体作用以及相应的解决方式，有利于实现家族企业的顺利传承。

比如，在对家族企业代际传承研究的相关理论中，“过程观”就是由朗格内克和舍恩首先提出并得到普遍认同的一个理论。该理论认为，家族企业的代际传承不是一朝一夕就能完成的，而是一个受到多种因素影响和制约的长期过程。

从本质上讲，家族企业的代际传承与其说是财产继承问题，不如说是企业可持续成长的问题。因此，基于可持续成长理论为研究企业代际传承提供的新思路，结合“过程观”、企业生命周期理论和人才资源优化开发配置的原则来探讨家族企业的代际传承模式，有利于系统性地把握企业传承过程中的诸多影响因素，从而最终实现企业的可持续成长和基业长青。

就当前我国家族企业的具体实践来看，在内部传承过程中主要面临着个体、组织和战略三个层次的问题。

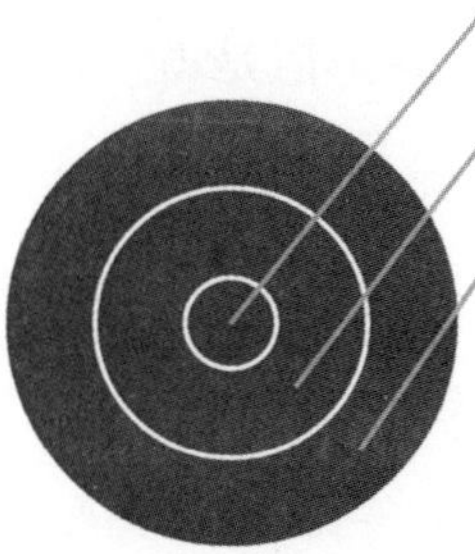

1. 个体层面的问题

虽然在任者、继任者和家族成员是家族企业代际传承最核心的三个影响因素，但是作为一个涉及多方面主体的利益集合体，家族企业的内部传承也必然会在一定程度上受到其他利益主体的影响和制约，如企业中的家族成员及亲戚、企业员工以及竞争者、债权人、消费者等企业和家族以外的利益相关者。

一方面，多种研究已经表明，在任者的离任意愿是保证企业内部传承成功的前提条件。如果在任者迷恋权力而不愿放弃对企业的控制和现有的地位，那么企业的代际传承显然无从谈起。

另一方面，继任者的意愿同样是影响企业顺利传承的关键因素。特别是在当今社会，年轻的下一代的发展机遇和空间变得越来越广阔，“子承父业”的方式有了越来越多被替代的可能性。因此，具有较高的承继意愿和相应的企业领导能力是成为继任者的基本条件。

此外，在任者、家族其他成员以及企业员工对继任者的认同、信任和支持，也是影响企业顺利实现内部传承的重要因素。

2. 组织层面的问题

企业的代际传承不是临时起意和一蹴而就的，而是一个涉及企业成长各个层面的系统而复杂的过程，需要有一个可供具体实施的长远传承规划，如接班人的选择和培养、传承的技巧和时机等。但是就当前我国家族企业的实际情况来看，内部传承普遍缺乏计划性。

一方面，很多创业者往往过多地把精力放在当前企业运行事务上而忽略了对继任者的培养，使得继任者缺乏相应的胜任力，对企业的效益和可持续成长产生负面影响。

另一方面，很多创业者并非是在企业发展过程中选择最佳的时机进行内部传承，而是在年龄较大、身体不适或者出现意外事件时才被迫仓促进行传承。这种情况不但会使企业的股权、管理权等无法实现平稳过渡，还会造成许多棘手的资产问题，最终影响整个企业发展的稳定性和竞争力。

另外，家族企业实现可持续成长不得不面临的一个重要问题是继任者权威的丧失。一般而言，家族企业的创立者往往具有较高的个人权威，可以得到整个企业团队的信任和忠诚，使企业具有极高的向心力和凝聚力。

但是，当企业传承到继任者手中时，如果不能获得管理团队和员工足够的信任和支持，那么继任者的权威必然会受到质疑甚至挑战，导致企业的凝聚力和忠诚度下降，并最终影响到企业的效益和进一步发展。

3. 战略层面的问题

具体到战略层面，家族企业要尽量避免下面三个方面的问题：

· 目光短浅，小富即安，没有长远的发展规划。这种企业一旦面临内部传承，往往会无所适从。

· 不能准确定位企业成长阶段，盲目扩大规模进行多元化战略。这种不顾自身情况的“大跃进”式的发展，大大增加了管理者对企业的掌控难度。即便现任者能够在此种情况下带领企业继续前进，也会由于继任者的无法胜任而导致企业发展难以为继。

· 在任者迷恋权势，不肯放权或者进行幕后操控。这种情况一方面阻碍了企业内部传承的顺利进行，另一方面也使得企业安于现状，缺乏新鲜血液，最终导致企业无法应对当今社会迅速变化的时代环境和市场及消费需求，丧失了持续成长的可能性。

6.1.2　影响家族企业内部传承的四大因素

具体来讲，可以从以下四个方面分析影响企业内部传承的关键因素。

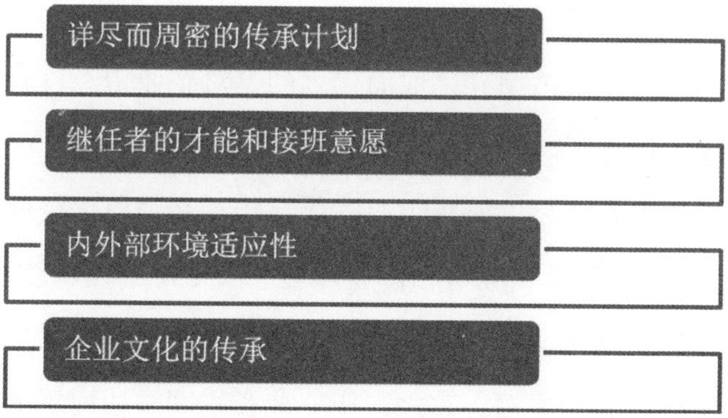

1. 详尽而周密的传承计划

一个成功的传承计划是保证家族企业从上一代传承给下一代的关键所在。

通过对相关案例的研究，沙玛等人总结了家族企业传承计划的四个要点：继承人的选择和培养、传承后企业战略的制定、在任者离职后的角色定位以及与主要利益相关者的及时交流沟通。

2. 继任者的才能和接班意愿

当前，在我国的大多数家族企业中，“子承父业”仍然是首选和主要的传承方式。然而，下一代家族成员也会面对越来越多的发展机遇和选择空间，这时，继任者本身的接班意愿对企业顺利实现内部传承显得愈发重要。

基于不同心智模式，沙玛和欧文把子女对家族企业的承诺划分为四种类型：基于意愿的情感型、基于责任的规范型、基于得失的算计型和基于需求的强制型。

通过对四种承诺类型的研究，沙玛等人指出，家族企业制定和实施传承计划的主要驱动力来源于可信赖的继承人的接班倾向。同时，不同承诺类型往往决定着继任者在接任家族企业后的付出和努力程度，进而对企业的效应和进一步发展产生影响。

3. 内外部环境适应性

随着对家族企业内部传承模式研究的深入，以往那种认为企业代际传承是一个线性过程的观点逐渐被抛弃，取而代之的是对企业传承过程中家庭、企业及社会背景等因素的重视。

布雷顿·米勒等人认为：家族企业的代际传承必须根据企业的不同成长阶段进行适当调整。如企业发展战略和行业环境的演变对继任者能力要求的变化，家族需求和目标的变化对选择最佳继任者的影响，以及不同候选者能力的发展变化对他们继任顺位的影响等。总之，企业成长不同阶段面临的内外部环境使代际传承充满了不确定性。

另外，戴斯卡等人提出的接力赛模型也指出，家族企业的内部传承要综合考虑自身的成长阶段、发展目标以及所处的内外部环境等相关因素，以选择最佳的传承时机、策略和接班人。

格西克则将家族企业看作由企业、所有权和家庭三个子系统组成的三环系统。在企业的发展运营中，这三个子系统既各自独立又相互交叉关联，组成了可以涵盖家族企业中任何个体的七个交叉区域。

总之，企业的发展传承不是独立进行的，而是受到内外部环境的影响制约。因此，家族企业要想顺利实现代际传承，就必须综合考虑企业、家庭、所有权及相关利益主体等各种因素，以适应不断变化的内外部环境。

4. 企业文化的传承

改革开放以来，我国经济社会在实现快速发展转型的同时也造成了两代人成长经历和社会背景的巨大差异。由此产生了家族企业在任者和继任者的文化冲突，特别是在企业文化和管理上的分歧。

就我国家族企业来说，第一代创业者虽然学历较低，但能吃苦、善经营的优点使他们能够在创业实践中摸索出对企业的发展管理经验。这时的家族企业往往具有很强的个人色彩，整个企业的成长运营都打上了创业者的烙印。第二代接班人则大多有着深造的机会和经历，也比较熟悉当前国内外先进的行业技术、发展模式和管理经验等。第二代接班人往往能够借鉴优秀的管理模式将家族企业的发展运营纳入到制度化轨道上来，使企业的发展更加规范化和制度化，为企业的可持续成长奠定制度基础。

需要注意的是，虽然制度化和规范化是企业长远发展的必然要求，但这种企业文化和制度的变迁却不能实行“断裂式”的转变，而是要保持对既有企业文化和制度中优秀因素的继承延续。只有找到两代文化和制度的结合点，实现企业文化的传承发扬，才能减少企业权力交接过程中的不稳定因素，让家族企业内部传承顺利进行。

6.2 顶层战略：家族企业可持续成长的内部传承模式

6.2.1 构建可持续成长的内部传承模式

随着时代的演进，代际传承开始成为国内家族企业面临的一项重大挑战之一，对家族企业的可持续成长和发展具有重要意义。

受中国根深蒂固的传统文化以及低信任度的社会环境的影响，大多数家族企业将内部传承作为一种主要的继任方式。从企业的长远发展来看，代际传承的目的是为了实现企业的可持续发展，而不是为了追求控制权和所有权的转移。

因此，企业在选择继任者的时候要考察继任者的价值观、能力素养以及个人意愿是否与企业的期望一致，是否符合企业可持续发展的需要。而内部传承模式可以提早对继任者按照家族企业主的发展期望以及企业的发展目标进行培养，从早年就开始灌输和培养其艰苦奋斗和永不言败的精神，并通过企业内部的实践锻炼，培养继承者接管家族企业所需的能力。

1. 内部传承的理想状态

一个家族企业的继任者是否合格应该从三个维度进行考核：继任家族企业的能力、继任意愿以及继任者个人价值观与企业期望价值观一致性程度。按照继任要求，可以将每一个维度分成“高”、“低”两个等级。总结来说，继任者一般会有以下几种类型，并对应不同的空间维度。

A：高能力、高意愿、高度一致性；

B：低能力、高意愿、高度一致性；

C：高能力、低意愿、高度一致性；

D：低能力、低意愿、高度一致性；

E：高能力、高意愿、低度一致性；

F：低能力、高意愿、低度一致性；

G：高能力、低意愿、低度一致性；

H：低能力、低意愿、低度一致性。

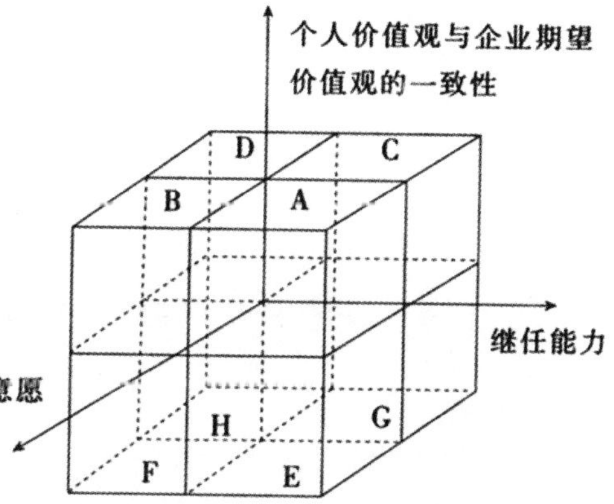

从上面的空间维度图可以看出，A类继任者不仅具有高能力、高意愿，同时个人价值观与企业期望的价值观也具有高度一致性，对家族企业来说，是最佳的继任者，在执掌家族企业之后，可以达到最理想的继任效果和状态，并促进企业的可持续成长。

此外，家族企业主在设计传承计划之前，就应该开始营造一种适宜传承的制度和人际环境，同时也需要积极创造一种良好的外部环境，为传承计划的正常执行和运作提供重要的保障，在“内外兼修”环境的基础上推动和落实传承计划。

2. 内部传承整合模式的构建

一个企业在初创期、成长期、成熟期、变革与再创业期四个阶段任何一个阶段，跨不过去的话都有可能直接走向衰亡期。企业在踏入成熟期之后，可能会逐渐凸显对环境的不适应性，家族企业中的官僚主义观念会增强，企业也会形成比较成熟的行为惯性，并逐渐失去创新性和开拓能力。

如果企业能够及时调整策略，进行有效的变革和创新，并实现再创业，就有可能推动企业进入一个新的成长期，并在新的发展基础上通过不断地调整获得长远发展。否则的话，企业可能因为迈不过成熟阶段的门槛而逐渐失去竞争力，直接走向衰亡期。

处在不同生命阶段中的企业会面临不同的组织管理、产品开发以及市场环境等，因此家族企业在进行企业传承、选择传承方式的时候应该从企业自身出发，将其所处的生命阶段、面临的挑战以及发展战略等条件作为重要的参考因素。

从可持续发展理念来看，合适的继任者并不一定是优秀的继任者，而是能够与企业的发展阶段适应的人。合适的继任者是指出身于家族企业内部，并得到家族成员认可，同时能够满足企业现阶段发展需要的接班人。

不管是继任者的选拔、培养还是传承都是在企业内外部环境中完成的，因此能否实现成功继任，促进企业的可持续发展，与企业的内外部环境具有密切关系。

内部环境

- 文化观念
- 人际环境
- 制度环境
- 在任者的态度
- ……

外部环境

- 企业在行业中的地位
- 家族背景
- 整个行业的发展现状
- ……

内部环境包括文化观念、人际环境、制度环境以及在任者的态度等；外部环境主要是企业在行业中的地位、家族背景、整个行业的发展现状等。内外部的环境不仅对在任者提出了标准和要求，同时也会对继任者的意愿、感受以及继任后的权力交接等产生一定的影响。

相对于复杂多变的外部环境，内部环境具有更多可控性，在家族企业主的控制下，可对企业的传承产生积极的影响。虽然家族企业主不能直接对外部环境进行操控和影响，但是在充分了解和把握外部环境的基础上，可以尽量对其施加影响，同时帮助接班人更好地适应外部环境，从而使其在企业管理和运营中更有信心。

家族企业的生命周期将企业限制在了一种由企业自身条件、发展状态及前景、所处外部环境等围筑的空间里，因此，家族企业主在这种背景之下选择继任者，应该要进行积极的筹划，在了解和适应外部环境的基础上，为继任者的成功继任创造良好的内部环境，从而形成一种可持续发展的格局，促进家族企业的健康成长。

3. 家族企业内部传承模式的设计

综上所述，家族企业内部传承模式的设计，需要注意以下几个要点：

· 以实现家族企业的可持续发展作为传承目的，而不是为了单纯转移和传承所有权和控制权。

· 企业不管在哪个成长阶段，都有可能直接进入衰亡期，因此家族企业应该重视可持续成长的问题。

· 成长在不同阶段的企业拥有不同的内部和外部环境，因此在这些环境条件的影响下，家族企业主在选择企业继任者的时候要综合考虑继任者各方面的条件和素质，同时还要考虑企业内外部环境的协同影响，从而选出适合执掌企业的继任者以及恰当的传承时机。

· 理想的继任者应该具有高继任能力、高意愿以及个人价值观与企业期望价值观的高度一致性。

以上因素共同构成了企业实现可持续发展的代际传承模式，为家族企业代际传承问题的解决构建起了相对完整的理论框架，帮助家族企业解决复杂的代际传承问题。

· 以可持续成长和发展为目标的代际传承模式，可以让家族企业主在深刻和全面理解代际传承模式的基础上对传承的效果进行影响，从而成功实现企业传承。

· 在家族企业的内部传承模式中清晰地描述了企业新的生命周期，从而让企业可以有危机意识，加强危机管理，避免企业大起大落。

· 家族企业内部传承模式让企业意识到，传承效果不仅受到家族企业主以及继任者的影响，同时还要受企业生存的内外部环境的影响，因此可以更好地指导传承计划的执行。

· 这一传承模式对继任者的选拔以及培养具有重要的指导意义，可以让企业主尽早发现不适合的继任候选人，及时寻找和培养新的继任者，同时这一模式也可以让企业主更有针对性地对候选人进行锻炼和培养。

6.2.2　家族企业内部传承需要注意的三个方面

家族企业的成功传承需要以实现可持续成长为目标和宗旨，精确定位和分析企业的成长阶段、内外部环境、领导者的素质和意愿、企业的发展战略和竞争优势等一系列相关因素，特别是对下述三个方面的把握和处理。

1. 着眼于企业的可持续成长

可持续发展的观念早已被社会普遍认同和接受，这一观念在商业领域表现为实现企业的可持续成长。因此，可持续成长应该是任何想要基业长青的企业必须遵循的最高宗旨和核心价值理念，也是现代管理学的题中之义。

矛盾管理理论将企业看作一个具有存续性和成长性的生命体。持续成长理论则指出了作为社会经济系统组成部分的企业，需要以自然生命体生存和成长的新陈代谢规律进行高瞻远瞩的发展规划，在做好当下事业的同时为未来的发展铺路。

企业的可持续成长不是一朝一夕之事，而是以实现基业长青为目标的长远发展规划。因此，对于企业特别是家族企业来说，如何顺利实现代际传承就成为一个不得不面对的问题。

一方面，企业需要将代际传承事项纳入整体发展战略规划中，充分考虑到企业的发展阶段、成长环境和战略目标；另一方面，家族企业控制权的传承对企业来说是一个具有重大转折意义的战略步骤，往往面临着诸多机遇和挑战。这就要求作为企业能力来源的核心领导者有着处理这些问题的战略能力和素养，从而顺利实现企业权力重心的转移和可持续发展。

2. 准确认识企业所处的发展阶段

基于持续成长理论对家族企业进行探讨和研究，首先需要判断出企业目前处于怎样的发展阶段，对企业的成长阶段、经营状况有一个明确的定位。

根据麦迪斯的理论，企业的生命周期大致可归结为三个阶段、十个时期。

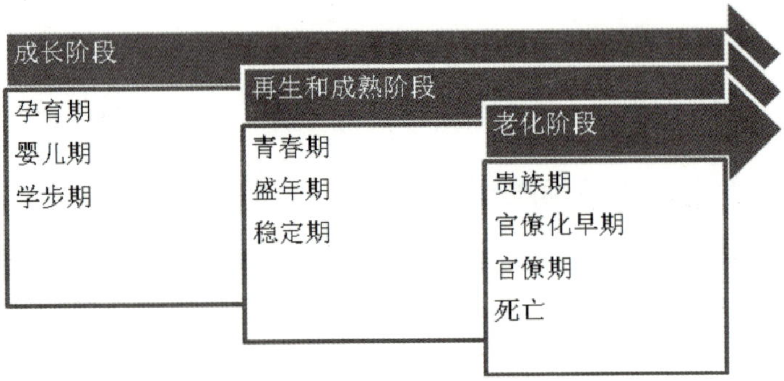

- 成长阶段：包括孕育期、婴儿期、学步期。
- 再生和成熟阶段：包括青春期、盛年期、稳定期。
- 老化阶段：包括贵族期、官僚化早期、官僚期和死亡。

企业在不同的成长阶段往往面临着迥异的内外部发展环境，因此对不同阶段代际传承的战略规划和接班人的个体能力素养也有不同的要求。基于持续成长理念准确定位家族企业的不同发展阶段，可以对企业面临的内外部环境进行更细致和精确的区分研究，为不同成长阶段企业的顺利传承奠定基础。

3. 企业继任者的胜任特征与特定传承条件

所谓“兵熊熊一个，将熊熊一窝”，企业领导者的能力素养在很大程度上决定着企业的发展成就。由于生存和战略环境的差异，企业的不同发展阶段对领导者的能力素质也有不同的要求。

以可持续成长为价值核心和最高宗旨，对企业不同成长阶段所要求的胜任力进行研究并以此选择和培养继任者，是研究家族企业传承问题的一种全新视角，可以为企业的顺利传承提供理论启发和实践指导。

“胜任力”这一概念由哈佛大学教授戴维·麦克利兰于1973年正式提出，是指“能区分在特定工作岗位和组织环境中绩效水平的个人特征”，即在同一工作中能将卓越者和普通者相区分的个人深层次特征，包括动机、特质、自我形象、态度或价值观、某领域知识、认知或行为技能等内容。

因此，要想实现家族企业的长远持续发展，继任者必须具有与企业成长阶段相适应的胜任力。根据相关研究，可以将这种胜任力归结为以下八个方面：组织承诺、诚信正直、决策判断、学习沟通、自知开拓、关系管理、科学管理和专业战略。

人力资源岗位配置原则表明，可以将胜任特征分为家族企业继任者所应具有的能力、接班意愿，以及个人价值观与企业的期望价值观相符程度三个方面。其中，企业的期望价值观是指当前企业领导者和员工认可和相信的、利于企业提升竞争力和长远发展的价值理念。这种价值理念塑造着家族企业的文化，也是对当前企业文化中优秀内容的承继和发扬。

继任者有高能力和意愿以及个人价值观与期望价值观的高度一致是一种理想状态。但需要注意的是，这种理想状态并不是一成不变的固定模式，而是随着企业发展阶段的不同不断变化的。这就使得实际情况中对继任者胜任特征的选择和培养更具复杂性，往往由于多种因素的干扰和阻碍造成上述三个维度中某一方面的缺失，达不到理想状态。因此，要根据企业发展的实际情况（所处的成长阶段和存在状态）确定继任者所需的胜任特征，进而制定出最佳的培养模式。

6.2.3 家族企业内部传承的内外部环境分析

1. 传承前家族企业内部环境的营造

成功的代际传承是家族企业内部环境营造和外部环境适应共同作用的结果。根据已有研究成果和经验，文化观念、人际环境、制度环境和在任者的态度是影响代际传承的家族企业内部环境因素的主要方面。

（1）文化观念

这里主要是指继任者的个人价值观是否符合企业的期望价值观，涉及企业文化和价值理念的延续问题。

继任者认可和接受企业的核心价值理念和文化，一方面能够有效避免在企业权力转换过程中的文化和制度动荡，保证家族企业发展的延续性（核心价值和文化的传承）；另一方面也有利于继任者融入企业文化的整体氛围，更有效地与家族和企业成员沟通交流，并获得他们的信任。

（2）人际环境

在家族企业中，由于家庭角色和职业角色的重叠，家庭关系特别是父母（现任领导者）和子女（继任者）的关系对企业传承的成败更是有着至关重要的影响。

父母与子女的冲突、过分的挑剔管束，以及对工作的反复抱怨，会对继任者产生严重的负面影响。而父母积极向上的工作态度和分享愿景，对子女事业能力和价值观念的培养塑造，以及与子女之间积极有效的沟通和相互信任，则会对家族企业的顺利传承和持续成长产生积极正面的影响。

除了家庭关系之外，家族企业继任者与创业元老和企业员工的关系也对传承有着重要影响。一方面，继任者要维护创业元老的利益甚至给予更多，以获得他们的支持和信任，减少企业权力交替过程中可能产生的动荡和不安定因素；另一方面，继任者进入家族企业历练时要扮演好在企业中的角色，在每一个岗位和层级中都与领导、同事和下属维持良好的人际关系，以便在传承过程中获得企业内部员工的信任和支持，延续甚至增强企业发展的凝聚力和向心力。

在企业代际传承过程中，控制权的转让会使员工变得敏感焦虑，对个人和企业发展愿景感到担忧，减弱了企业的向心力和凝聚力。这种情况下，继任者与家庭和企业员工良好的人际关系可以赢得员工的信任，增强对企业成长的信心，减少上述不安定因素的产生和蔓延，从而顺利实现企业的传承。

（3）制度环境

制度环境是培养和选拔企业继任者胜任力、实现顺利传承的重要因素，包括传承、选拔和培养计划以及权力的交接等内容。具体来讲，就是要根据企业成长的阶段和实际发展情况，制定出详尽的传承规划，并建构一个有利于企业权力交接的战略环境来保证和推动这个计划的有效施行。

（4）在任者的离职意愿和对传承的推动

这一因素是传承计划具体实施过程中成功应对各种可能出现的状况和企业平稳过渡的重要保障。企业的代际传承不是一蹴而就的，而是一个涉及企业控制权、运营模式和核心价值等多个内容和环节的过程。

这就要求企业不仅能够依自身成长阶段选择和培养出具有相应胜任力的继承者，更要注重企业权力过渡的时机、技巧和策略。具体来说，就是在任者明白自己要传递什么，继任者了解自己要承接延续什么。特别是在传承计划的目标、步骤和内容方面，企业领导者要与企业员工有一个基本的交流沟通，以保证企业传承与员工期望相一致，并在领导风格、运营模式等方面达成共识。

2. 企业对外部环境的适应

基于可持续成长价值理念对家族企业的代际传承问题进行研究，除了对营造企业内部环境有一个清晰明确的认知以外，还必须考虑到在不同的外部环境下如何更好地实现传承，即传承过程中对企业外部环境的适应问题。

首先，企业的成长发展不是在封闭独立的环境下进行的，而是受到行业整体发展状况的影响和制约。因此，企业的内部传承必须基于行业的整体发展背景和特点，对行业整体发展态势、竞争格局以及家族企业自身的竞争优势进行综合考虑，以此来选择和培养企业的继任者。

其次，家族企业的代际传承必然会对已有的利益格局产生影响和冲击，使得传承的方向、时机、速度和效果等内容受到各个利益相关者的影响。这就要求企业传承过程中考虑家族和社会背景等因素，尽可能维护和延续与供应商、顾客、同行竞争者甚至公众的已有关系，以实现企业控制权的平稳过渡。

总体来看，家族企业的内部传承是一个涉及多方面综合因素的极具复杂性的问题，既包括企业不同成长阶段对继任者胜任特征（能力、意愿、个人价值观与企业期望价值观的相符程度）的不同要求，也涉及对制度环境、人际环境、在任者的意愿、行业背景及与利益相关者关系等多个因素的考虑。

一个成功的家族企业内部传承在包含继承者的选择、培养和权力传续的同时，还涉及了企业内外部环境的营造和对传承技巧、时机和策略的把控。只有以可持续成长为价值指引和最终目标，综合考虑各方面的影响因素，才有可能顺利和有效地完成代际传承，实现家族企业的基业长青。

6.3 欧美家族企业的管理模式与传承秘诀

6.3.1 实现由家族式管理到现代企业管理的转变

家族式管理的企业寿命往往没有管理者想象得长久，事实上数据研究表明：全球家族企业的平均寿命只有 24 年，只有 30% 能够传承至第二代，传承至第三代的则不到 13%，而在三代之后能够继续保持企业生命力为股东创造利润价值的家族企业只有 5%。

在全球范围内相比较而言，日本和欧洲的家族企业较为稳定，它们是如何做到的呢？

CEO 在对企业接班人的选择上起着至关重要的作用，虽然最后的结果需要董事会共同决定，但就 CEO 的工作以及胜任这个位置需要具备哪些特质而言，没有人会比现任 CEO 更加了解。

2006 年 5 月 26 日，轮胎领跑企业米其林第四代继承人爱德华·米其林不幸在一场海难中去世。他的父亲弗朗索瓦在商场中打拼 45 年之后，经过观察和慎重考虑，于 1999 年把企业交到最小的儿子爱德华手中。

爱德华曾在法国里尔高等工艺制造学校求学，毕业之后加入法国海军，退伍后进入家族企业，隐瞒自己的身份从基层开始学习。

其前往总裁位置的道路是一步步踏踏实实学出来的。

米其林是一家典型的家族企业，自1889年创立以来，延续着世袭接班人的传统。1928年创始人老爱德华提名自己的两个儿子为公司管理人，但不幸的是二人先后去世，无奈之下他只好把自己的女婿罗伯特·普埃斯勒推上公司最高管理层的位置。1955年，老爱德华的孙子弗朗索瓦上任，他为企业做出了巨大的贡献——把市场占有额从不到6%提升到20%。

“双重合伙制”是米其林自成立以来就一直沿用的制度，包括有限责任股东和普通合伙人。前者根据出资多少在企业中占据相应股份，具有任命管理合伙人、参加股东大会等权力，而后者需要用私人财产与公司共同承担负债。1889年到2005年之前，米其林有三个普通合伙人，2005年变成两个——爱德华和米歇尔·罗利耶。爱德华遇难去世后，米歇尔·罗利耶成为新一任CEO。

家族企业都很重视家族内部成员对企业的掌控和管理，随着时代的发展，这种掌控力逐渐减弱，家族企业开始聘用职业经理人进行管理，当然，家族人员始终能在公司中获取利益。

在家族企业继承人更替这一环节中，如果上一代领导者在继承人还未成年时不幸去世，那么家族企业就会建立一个由银行家、律师等组成的团队，目的在于对企业财产进行有监督地托管。可能还会有一个包括公司元老、顾问等人组成的专业团队来辅佐继承人尽快熟悉公司业务，稳定公司发展，以在继承人成年之后把公司交到继承人手中。

一系列的措施就是为了防止公司领导人因为突发情况不能监管公司而造成经营风险，这一策略也被希尔顿家族和奥纳西斯家族所采用。

不同于一般企业把董事会、监理会和经理层分开的结构，家族企业多把三者融合在一起，让家族成员参与到管理层和董事会中，甚至还会邀请一些与家族保持多年亲密关系的朋友入股。

在很多人的观念中，相互制衡才能维护企业更多人的利益，家族成员的管理方式不利于保障小股东的利益。但是从企业的长远发展来说，家族式管理通常都是有好处的。因为如果家族对企业实现绝对掌控，往往会站在长远发展的角度上考虑问题，而不是像管理层一样只注重眼前利益。

而且，家族企业通常并不愿意按比例分红，更愿意把资金投入到企业的发展当中，化资金为资本，实现滚雪球式的增长和扩张。当然，这种管理方式也存在一定的风险，当企业领导者做出错误决定而导致重大损失，或者因为领导者能力不足以支撑企业的发展和进步时，很难有人出面挽救不利局面。然而，从另一方面来说，家族企业很少会出现因为存在分歧而影响公司发展的情况，他们往往能够迅速达成一致，面对市场果断做出决定。

6.3.2　欧美家族企业如何培养与锻炼接班人

欧美许多家族企业发展的走势都要优于非家族企业，尤其是德国。近 10 年来，德国家族企业发展指数增长 206%，而非家族企业只有 47%。此外，家族企业利润相当稳定，发展上升趋势是稳中求进。

【案例一】：宝马公司的家族式运作

宝马公司是典型的家族企业，属于匡特家族，家族财富超过 200 亿欧元。1959 年，为了避免被奔驰公司兼并，赫尔伯特·匡特买下了濒临绝境的巴伐利亚汽车厂，逐步将宝马公司发展成为能够与奔驰公司抗衡的竞争对手。赫尔伯特于 1982 年去世前将企业交给其第三任妻子约翰娜。2013 年，第三代继承人斯迪凡和苏珊娜在公司中占有 47% 的股份，其中苏珊娜是德国的女首富，但现在他们基本上已经脱离了企业的管理，在隐居生活中低调地享受着企业财富。

当然，家族不站在企业发展的前线并不意味着就此放开了对企业的掌控，在重大事项面前其仍旧拥有发言权。1999 年，由于收购路虎公司失败，宝马公司陷入财务危机。匡特家族召开紧急会议，宣布开除时任 CEO 的皮舍茨里德，将职位交由米尔贝格博士接任。

走出财务困境之后，全球兴起汽车行业合并发展的热潮。然而匡特家族不为所动，坚决不允许宝马同任何企业有任何形式上的合并。这一决断也直接对宝马公司未来的发展起到了重要作用。

【案例二】：宜家家居的家族式管理

瑞典知名企业宜家（IKEA），其创始人为英瓦尔·坎普拉德。经过发展积累，宜家的分店遍布全球，目前有 300 多家，并且这个数字还在上升中。在 2016 年的全球最佳品牌榜中，宜家位列 26。

在坎普拉德 80 岁高龄时，他将企业的管理权交给了他的三个儿子——彼得、约纳斯和马修斯。他在三个儿子中间采取了分权制衡，把公司权利分为三份，禁止任何人做出动摇发展根基的决策性改变。彼得作为宜家荷兰分公司主席，掌控核心权力；约纳斯掌握集团产品的生产；马修斯在集团总部工作。与此同时，宜家同样聘请了职业经理人出任 CEO，具体负责公司的日常工作。

在继承人的培养问题上，欧美大多数家族企业会让继承人在企业中长时间锻炼，使其对企业有充分细致的了解，同时不断提高自身能力。例如福特公司的第四代接班人小威廉·克莱在接任董事长之前从产品计划分析员做起，辗转在生产、市场、销售等多个领域任职。尽管福特家族已经拥有极其庞大的财富，但是继承人要想接任公司，仍然必须从基层做起。

值得注意的是，很多欧美企业在家族内部传承三代之后继承人就渐渐退出了企业管理，例如曾极富盛名的洛克菲勒。这时家族对企业不再有经营上的控制权，只有所有权，严格意义上来说，这类企业发展到这一步已经不能算家族企业了。

6.4 华人家族企业：如何打破“富不过三代”的魔咒

6.4.1 传承之痛：解析华人家族企业传承的隐忧

从华人家族企业的整体发展历史来看，像利丰、李锦记、余仁生等为数不多的家族企业做到了与时俱进，根据时代变化将不同的精神理念和经营模式融入企业发展之中，从而做到使企业屹立百年不倒，甚至更加出色。更多的曾显赫一时的家族企业，由于各种各样的原因，没能逃脱“富不过三代”的魔咒。

1.“富不过三代”的魔咒

多数曾辉煌一时的华人家族企业之所以后继无力，无法挣脱“富不过三代”的魔咒，是由多种因素综合作用造成的。

比如，早期政局动荡而到海外求生并创立了家族企业的很多华人企业家，由于缺乏具有战略性眼光的发展规划，过于依赖成本优势而忽视了研发投入，造成企业没有开拓出具有核心竞争优势的品牌和产品，也就无法适应时代发展下新的商业竞争态势。

众多家族成员的参与制约了企业决策的效率，无法形成强有力的话语中心；而家产的均分模式又使得股权越来越分散，企业走向碎片化，弱化了企业的生存发展优势。

受传统儒家思想的熏陶，华人家族企业容易将儒家的家庭伦理规范（比如三纲五常）带入到企业的运营之中。这些儒家价值规范虽然确保了企业掌权者的权威，但也容易产生“一言堂”的专制效果，制约了集体智慧的发挥，为企业制度化的长远发展埋下隐患。同时，长辈决定权的优先性和年轻一辈的唯命是从，既影响了决策的有效性又制约了企业继承人的成长，导致企业发展缺乏长久的活力和开拓创新的精神。

另外，华人家族企业仍然遵循着“关系本位”思维方式，以“关系”、“一诺千金”作为企业生意往来的常态模式，对现代社会商业发展中最重要的契约精神和法律合约等方面缺乏足够的重视，阻碍了企业的制度化发展，也难以传续到后代。

“关系本位”的思维方式必然会使企业在人才选用上以亲疏而非才能为基准，局限和弱化了家族成员之外的人才为企业创造价值的机会。

2. 华人家族企业传承新难题

受儒家文化“子承父业”等思想的影响，“传—承”式的企业运营和管理权更迭几乎成了华人家族企业的基本范式。一方面，家族企业创办人迫切希望能够把千辛万苦打下的基业传承下去并发扬光大；另一方面，子女承接父辈的基业并将其发扬光大也被认为是一种义不容辞的责任和义务。

不过，这种传承范式在今天已经无法适应社会的发展。一方面，教育的日益普及使个人有了更多的工作选择和更广阔的发展前景，这使得他们未必愿意放弃自己的理想和兴趣去继承家族生意。另一方面，社会的发展进步使“下一代”中的女性亦能够凭借能力得到越来越多的发展机会，这对家族企业中“子承父业”的承继方式也产生着冲击。

3. 家族企业的挑战

据统计，国内企业中，民营企业占据八成以上，其中又有超过八成是第一代家族企业。

这些民营家族企业在今后的10～20年将面临企业接班和传承给第二代的问题。由于家族企业相对年轻，因此在传承方面所面临的困难和挑战与海外华人企业相比有所不同。

由多家单位（全国工商联、中国民营经济研究会、中山大学、浙江大学和李锦记家族）于2011年合作完成的《中国家族企业发展报告》显示：在所调查的3 200多个家族企业中，由近25%的受访者期望由下一代继承自己的基业，尤其在1 000多个平均年龄为50岁的企业创办人中，这一诉求的比例高达41.7%；而在子女接班意愿方面，上述1 000多名企业家的子女中仅有35%愿意接班，不愿意的达到了31%，虽然少于愿意接班的比例，但仍处于较高比例。

另外，根据上海交通大学安泰经济与管理学院的调查发现：处于行业领先地位的182家家族企业中，一方面高达90%的创办人希望子女能够接手家族生意；另一方面只有12%的子女有继承意愿，高达82%的下一代并不愿接手父辈基业。

究其根源，一方面是上文提到过的教育的普及和社会进步使得下一代子女有了更多可供选择的机会和更广阔的发展前景，另一方面则是持续了30多年的计划生育政策对家族企业传承的影响。

为控制人口增长实施的计划生育一胎政策在一定程度上造成了家族企业下一代人才的凋零和继承人选择空间的缩小，再加上家族企业中固有的对外人的隔阂、不信任，都必然会极大地制约着家族企业的发展壮大。

当前的家庭关系也随着时代的发展发生了新的变化，不再像以往那样稳定牢固，而是充满了变数。比如，相关资料显示，国内的“粗离婚率”（年度离婚数目与总人口比例）已由1990年的0.69‰上升到了2013年的2.58‰。这种父母婚姻关系破裂对子女成长造成的负面影响，再加上家族企业创建者由于忙于事业而忽略了对子女成长的有益引导，为企业的顺利传承和发展带来了更多的不确定性。

6.4.2　CCKP 传承模式：选择与培养接班人的黄金法则

基于以上分析，家族企业的掌舵者必须转变思想，在以往的传承模式已经无法适应时代变化的情况下，以开放的心态和创造性的思维面对企业发展承继的危机，并在战略和制度层面及早拿出行之有效的解决方案。

面对当今社会的快速变化和新时代市场的发展情况，CCKP 已成为企业领导者必须具备的基本素养，从而要求家族企业应从自信（Confidence）、承担（Commitment）、知识（Knowledge）和激情（Passion）四个方面对继承人进行选择和培养。

下面以利丰、李锦记和余仁生这三家百年企业为例，通过对发展过程中关键环节的分析，总结促使它们成功的主要因素。

【案例一】：利丰集团

1906年创立于广州的利丰集团，现已传承至第四代，是一家在香港上市的现代供应链管理集团。利丰集团能够矗立百年不倒，最关键的一点是在第三代时成功完成了集团股权结构的重组与集中。

为改变20世纪70年代上市时股权分散的状况，冯国经、冯国伦兄弟在1989年通过引入私募基金的方式将公司私有化并买入了表兄弟的股权。通过这种方式，在私募基金退出、企业1992年重新上市后，冯氏兄弟取得了集团的绝对控股权，使企业可以快速有效地按照战略目标不断发展壮大。

另外，为实现企业向现代经营模式的顺利转型，利丰集团还聘用外籍人士担任公司总裁，打破了华人家族企业任人唯亲、无法有效聚集人才资源的局限性。

【案例二】：李锦记集团

李锦记集团由蚝油发明者李锦裳在1888年创立于广东省珠海南水镇，是一个规模庞大的酱料王国，目前供应多达220余种酱料调味品，其产品销往世界各地。当前主要由家族第四代参与集团的日常管理运作。

同利丰集团相似，李锦记集团屹立百年的关键也是在企业传承至第三代时成功实现了股权结构的重组和集中，不同之处在于李锦记集团的股权更为集中，是家族100%控股的私有企业。同时，对企业创新能力的高度重视也是李锦记集团获得持续发展的关键因素之一。如通过旗下的无限极公司出产中草药健康产品，成功进军中草药行业，实现了企业规模的壮大和业务的拓展。

【案例三】：余仁生集团

余仁生集团是一家在新加坡上市、专门制售中草药的全球性医疗保健公司，由余广在 1879 年创立，目前也是传承到家族第四代进行经营管理。

与上述两家企业不同的是，由于第二代和第三代出现了纷争，集团业务遭到抛售并导致余氏家族一度丧失了对企业的控制权。其后，在家族第四代余义明的主导下通过管理层收购等方式又成功夺回了对企业的控制权，并逐渐实现了企业向制度化、股份化和标准化等现代管理模式的转型。

现在，余仁生集团不仅在亚洲建立了广泛的零售网络，还以其积极进取的精神不断地开拓着全球市场并取得了不错的成绩。

通过上面的案例可以看出这三家传承百年的企业成功之处主要基于以下三点：

（1）在企业发展转型的关键时期实现了所有权的重组和集中，使家族的核心成员得以牢牢掌控企业的绝对发言权。

（2）具有与时俱进的开拓创新精神，紧跟社会和时代的发展步伐不断实现企业的全球化拓展，注重核心竞争优势品牌的塑造。

（3）以兼容并蓄的心态和胸怀在坚持本我文化的同时积极借鉴吸收西方文化的精髓，构建出了兼具自我特色和全球性战略眼光的拥有持续发展活力的企业文化。

6.4.3 骨肉亲情 VS. 商业利益：家族企业如何抉择

血脉亲情与商业利益的纠缠和两难抉择是企业家特别是长期受到儒家传统文化熏陶的创业者不得不面对的“梦魇”。

特别是在创业初期，企业家往往会面临着各种资源的匮乏（资金、人力、市场等）。这时候首先想到的是从家人、亲友那里得到帮助，特别是在以家庭为本位的儒家文化圈中更是如此。这一情况必然会使得企业发展壮大之后的股东结构和高级管理层呈现出家族化的形态。

企业家族化的一个重要特征是在公司里人与人之间会存在两种不同的角色关系：企业中的职场角色（董事长、经理、主管、总监等）和家庭中的伦理角色（丈夫、妻子、父亲、儿子、兄弟等）。社会中的每种角色都有与其相对应的角色期待和行为准则，如果企业家不能对自己的职业角色和家庭角色有清醒的认知和准确的定位，模糊和混淆不同的角色期待和行为准则，就必然会造成自我的角色混乱和冲突，将自己陷于无尽的麻烦和纠结之中。

同为人类社会中典型组织方式的企业和家庭，在社会运行中的功能却有着极大差异，伦理规范和行为准则当然也就迥然不同。

企业是现代市场经济制度的产物，受到社会中法律、经济和政治制度的约束调节，是一种法人主体，以盈利为最终目标，并通过规范化的制度和流程将股东、员工组织整合起来。从本质上来说，企业是一种基于后天契约的组织形式，是人类社会进步的结晶。

家庭是以先天血缘关系为纽带形成的组织形式，家庭的历史比企业长久的多。从角色功能上讲，与企业以利益为目标的经济追求不同，家庭更多承担的是一种繁衍与抚育的社会功能，是社会的基本单元和细胞。虽然不同历史时期的家庭的组织形式有所差别，但不论何种结构的家庭，其最根本的目的都是为了维护家庭成员的健康和幸福。

企业与家庭是基于两种截然不同的关系（后天契约关系 / 先天血缘关系）形成的组织形式，这就导致了这两种组织类型内部的角色关系和功能存在着根本差异，需要不同的道德伦理规范来调节。

· 企业包括股东、董事长、总经理、部门经理、一线员工等不同角色，是一种后天形成的契约性的职业和商业关系，角色关系是可变化的，其行为规范和角色关系主要靠职业道德准则来调节，属于商业伦理范畴。

· 家庭包括父亲、母亲、儿女、丈夫、妻子、舅舅、姑姑等角色，是先天具有的不可改变的血源关系，角色间的关系和行为规范主要通过社会道德准则进行调节，属于家庭伦理范畴。

不同的伦理规范对角色行为和角色关系有着不同的期待和要求。比如，企业家应该根据基本的职业道德规范来处理公司内部的关系：尊重股东的基本权益；公平公正地对待每一位员工，以员工对公司的贡献而非与自己的亲疏作为薪酬和职务升降的依据；具有契约精神，通过股东大会、董事会等正式议事形式解决公司内部的利益关系。而在处理家庭关系时，依据则是家庭伦理道德：夫妻之间的互敬互爱；长辈对晚辈的爱护和晚辈对长辈的尊敬孝顺；亲戚之间的和睦互助等。

明智的企业家应该明确区分这两种不同的角色关系，既不能用家庭伦理道德调节企业内部关系，又不能用职业道德规范处理家庭关系。比如，不会在公司里无原则地偏袒作为下属的儿子，因为这样做会把家庭关系带入职业关系中，破坏企业公平公正的职业规范和商业伦理。

然而在我国的家族企业中，由于受到儒家文化特别是其中“家本位”（即家庭血缘关系是首要的和最重要的关系，其他关系都受到这一关系的影响和制约）思想的长期熏陶，企业家本人和在公司就职的家人亲友常常会将这两种角色关系相混淆，把家庭关系中的行为规范带入到企业职场中。比如，做采购部经理的妻子从不参加总经理召开的产销协调会议，总是越级直接与做董事长的丈夫沟通；财务部的小舅子经常与销售部的哥哥在公司正面冲突；企业家的亲属违反纪律在厂区内开设小卖部……这些行为往往会破坏企业公平理性的氛围，阻碍企业的良性运行和长远发展。

在家族企业中，同样比较常见的剧目是由于家族成员对公司利益的争夺而造成的亲友反目、决裂，甚至对簿公堂。

企业家必须充分认识到企业和家庭两种不同组织类型的本质和差异，用与组织形态相符的角色规范和伦理道德来调节组织内部的角色行为和关系。如此，才能够真正逃离骨肉亲情和商业利益的纠葛和两难，将企业带上良性运行的轨道。

CHAPTER 7

继任者计划：企业接班人的选择与培养模式

7.1 家族企业接班人培养模式

7.1.1 家族企业接班人培养模式现状

家族企业是一种覆盖全球范围的企业组织形态，在世界经济中具有举足轻重的地位。同样，家族企业也是我国非公有制经济中的重要组成部分，尤其近些年来开始受到社会各界的广泛关注。在早些年，由于被冠上了“家族”帽子，再加上其采用的“内外有别”的用人机制，家族企业在公众心目中的形象并不好，在市场竞争中也处于比较弱势的地位。但是近年来，人们对家族企业的认识已经逐渐改观，而且家族企业已经被国内外学者广泛认为是一种比较有效的创业形式。

与其他企业组织形式相比，家族企业的内部形态是其他企业难以模仿的，这是其独特的优势。比如，在家族企业内部存在的“利他主义”，虽然从长期来看并不利于企业发展，却能够加强家族成员之间的互动互助关系，从而形成强大的凝聚力，在特殊时期（创业期、危机中）发挥巨大的作用。家族企业的成员之间存在的家族关系，构成了企业内部独特的人力资源结构，从而在人力资源上形成了独特的竞争力。

从国外的统计数据来看，能够延续到第二代的家族企业只有 30%，能够将家族企业成功传递到第三代的只有 10% ~ 15%。在美国，家族企业能够存活的平均时间为 24 年，而家族企业创业者的平均任期也是 24 年，也就相当于当家族企业的创始人离去的时候，家族企业也随之破产，因此很多学者认为这是企业内部的传承出现了问题。

家族企业接班人的传承主要有两种方式：一种是“子承父业”；另一种是引入职业经理人。在国内，“子承父业”是家族企业传承中普遍选择的一种方式。

通常情况下，对家族企业接班人的培养分为两种：内部培养和外部培养。

· 内部培养主要是让接班人熟悉和掌握企业内部的发展状况，并通过实践性的工作来获得相应的知识和经验，从而为日后的企业管理和经营打下坚实的基础。

· 外部培养主要是让接班人掌握更全面的知识和技能，培养他们的开拓性思维，学会适应各种复杂的生存环境，从而更好地管理企业。

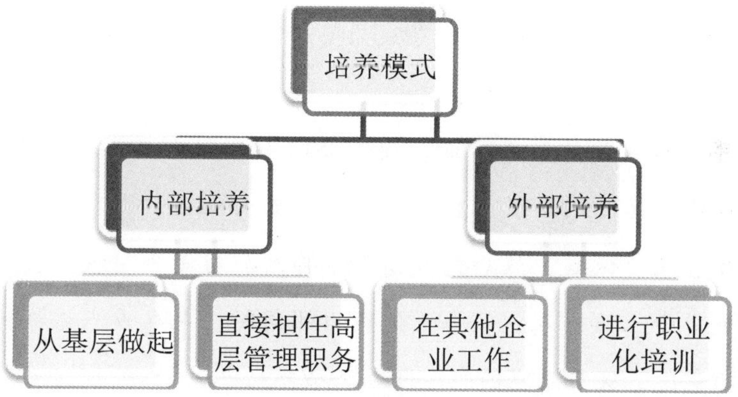

7.1.2　家族企业接班人内部培养的两种模式

内部培养模式是国内大多数家族企业采用的一种做法。对接班人进行内部培养，有两种不同的培养模式。

1. 从基层做起，逐步晋升

企业管理者的经营管理能力是企业成功的关键要素，因此在培养接班人的时候应该重点培养其经营管理能力。将接班人放到企业的基层锻炼，让接班人同普通的员工一样在自己的岗位上尽职尽责。只不过接班人比其他的员工有更多轮岗机会，可以体验不同的工作岗位，了解不同岗位的职责，并从中获得更丰富的经验。

国外的研究专家在对家族企业的研究中发现，从基层开始锻炼接班人，并通过逐步晋升的方式让接班人执掌整个企业，可以让接班人成长得更快，并有利于企业业绩的增长。同时，通过这种内部职业成长的方式培养接班人，可以让接班人更好地认同和接受企业文化，从而建立和协调好企业内部的关系。

【案例】：安利公司（Amway Corp）的接班人培养计划

安利公司是全球知名的直销公司，1959 年温安洛和狄维士两个家族共同成立了安利公司，并成功传承到了家族的第二代，完成了企业转型。此后，安利公司发展成为安达高集团，不仅包括安利公司，还包括捷星和捷通两个公司。

在培养家族接班人方面，安利公司制定了一个五年培养计划，主要接班人是狄维士长子狄克和温安洛长女南茜。他们从公司基层的仓库管理员做起，然后到直销员，再到公司董事。狄维士出差的时候也会带上接班人，锻炼他们能力的同时，也在重点培养他们对安利的感情，从而让他们能更好地融入企业中。

2. 直接担任企业的高层管理职务

这种模式主要发生在一些突发性的状况下，比如家族企业主突然离世，此时尚未确定与培养接班人，为了稳定企业员工，会选择家族成员直接担任高层管理职务。这种模式下，接班人不经过企业内部的培训，也没有在基层工作的经验，不能全面掌握企业的状况。

这种继任方式由于缺乏系统性和目的性，是很多企业在不得已的状况下选择的一种方式。这种继任方式下的家族企业不能依靠接班人的权威来管理公司，而是在不断完善企业管理制度的同时加强对接班人的培养和锻炼，从而更有效地管理经营公司。

【案例】：海鑫集团的“家族智囊团”

2003 年，山西海鑫集团董事长兼总经理李海仓突然离世，消息一出，就在企业内部引起了剧烈的震动，谁是海鑫集团下一任接班人成为一个备受争议的问题。为了能迅速稳定军心，保证企业的正常运转，在协调了家族内部各利益相关方的意见之后，李海仓的父亲决定让在国外读书的孙子李兆会回来出任新一届的董事长。

但是李兆会那时只有 22 岁，而且在公司的经营管理方面没有实操经验。在李兆会刚出任企业董事长的时候，李文杰、李天仓、李天虎等 10 位家庭成员成了李兆会有力的助手，帮助他管理公司日常的经营事务，同时在运营中向他传授相关的实操经验。

得益于爷爷李春元的支持和李海仓生前对企业打下的底子，李兆会接手海鑫钢铁后的 2005 年，海鑫完成总产值 70 亿元，实现利税 12 亿元，成为海鑫发展最迅速、最好的一年。其后，李兆会专心解决“夺权”问题。大多数元老被解职、调离。

而李兆会兴趣并不在钢铁上，他屡屡在资本市场出手。十年间，李兆会的股权投资浮盈超过 40 亿元，其中仅民生银行、兴业证券两项股权投资，获利就在 30 亿元以上。

然而海鑫钢铁每况愈下。自 2006 年以来，海鑫钢铁多次被国家环保部、山西省环保厅等部门通报批评或督办整改违规项目。2008

年金融危机爆发后，钢铁行业受到波及，海鑫钢铁停产达半年之久。

2014年11月，海鑫集团破产重整进入法律程序。这意味着，作为董事长的李兆会已经败光百亿身家。其时，海鑫集团负债及对外担保数字约为104.59亿元，而资产也为100亿，资不抵债。

对此，有媒体曾这样评论："在错误的时间成为错误的继承人，这种情况下，企业能生存11年算是奇迹了。"

7.1.3 家族企业接班人外部培养的两种模式

外部培养模式主要是帮助接班人获得综合技能，掌握和适应外部复杂多变的生存环境，从而提高企业对环境的适应性。

对接班人进行外部培养，也有两种不同的培养模式。

1. 在其他企业工作积累实践经验

这种培养方式主要是为了培养接班人的创造能力。接班人在正式进入和执掌企业之前，需要在其他企业工作一段时间，从而将其他企业经营管理中的优秀经验运用到家族企业的运营中来。

有的家族企业会强制性要求，只有具备在其他企业工作的经历，才有资格成为企业的接班人；而有的家族企业的成员为了获得更丰富的管理经验主动到其他企业去工作和学习。

【案例】：李锦记集团的"家族委员会"与"家族宪法"

李锦记集团已经拥有120多年的发展史，并在发展和传承的过程中创立了一套别具一格的培养模式。集团采用了一种正式的董事会与非正式的"家族委员会"并行的组织和管理模式。董事会的职责是制定与企业经营相关的重大决策，家族委员会主要负责处理家族事务。

“家族宪法”是家族委员会在处理家族事务以及进行决策时参考的重要规则，其中有一条明确规定：在后代子女进入企业之前必须要有一年在其他企业历练的经历。而今，李锦记已经传承到了家族的第四代，由四个兄弟分别执掌旗下的四个公司。

四兄弟在正式执掌公司业务之前，都有在国外和其他企业学习和工作的经验，通过企业外的学习，不仅丰富了阅历，积累了更多管理经验，同时也积累了更多人脉资源。

比如，最小的李惠森在加州大学毕业后，又从事了人力资源、财务以及运营管理相关方面的工作。回到家族企业工作之后，李惠森在李锦记的基础上又创立了南方李锦记，主要从事中草药健康产品的开发与销售工作，为李锦记在新时代的创新贡献了一份力量。

2. 进行职业化培训

这种培养模式更具有专业化的特色，让企业接班人在掌握职业技能的同时，更好地理解企业的高层职位。职业化培训可以将不同家族企业的家族成员以及企业的资源整合起来，对接班人进行统一培训，从而降低培训成本。更为重要的是，通过这种统一的培养模式，可以为家族企业之间搭建一个良好的互动平台，推动彼此之间的共同发展和优势互补。

【案例】：方太集团的民营企业接班人培训学校

方太集团成立于1996年，20年来始终专注经营高端厨电产品，并致力于发展成为世界一流企业。

方太集团在完成传承之后，其原董事长茅理翔专门针对企业接班人的培养创办了“宁波家业长青民企接班人专修学校”，这也是国内首家以培养企业接班人为目标的专修学校。

培训学校奉行“校品、教品、人品”三品合一的教学理念，并建立了一套完整的短期接班人培训课程体系，在培训过程中，家族接班人主要研修“修身立志”、“管理实务”等五大课程。

通过系统化的培训，培训学校提高了接班人的职业素养和技能，传授给了他们接手家族企业的经验，从而帮助企业顺利完成代际传承。

7.1.4　家族企业接班人内外部培养模式对比

1. 内部培养模式的效果

（1）可以让其始终保持与企业的联系。

内部培养的接班人能够更全面、详细地了解企业工作、企业文化、价值观以及员工，从而根据实际状况和需求来培养接班人的能力，以便其更有效地管理企业。

（2）通过从基层到高层的逐步晋升可以赢得信任和尊重，与员工建立密切的联系。

有研究表明，有效的接班人与无效的接班人相比，在企业内部拥有更长的工作经历。此外，接班人在企业内部成长的过程也可以加强对企业文化的认同感，获得员工以及家族成员的肯定。

（3）可以延续家族企业的经营决策，让企业的经营始终不偏离初衷。

在培养接班人方面，家族企业主将发挥重要作用，在影响接班人方面也出现了两种方式。

· 直接介入：接班人和企业主之间建立比较密切的联系，接班人在家族企业内部可以直接学习企业主的经营管理手段，或者企业主直接给予接班人一定的指导和鼓励，让接班人按照既定的行为模式学习实践，并从中总结更多的经验和教训。

·间接介入：家族企业主为接班人设定工作要求和任务，从而有针对性地培养接班人的某种能力。接班人在接受和完成任务的过程中不仅会受到企业主的影响和激励，同时也逐渐形成企业家精神和管理企业的领导力。

（4）内部培养模式的劣势在于，将接班人限制在公司内部不利于培养开拓性思维。

如果仅仅学习父辈的管理经验，容易产生思维定式，影响创新思维的培养和形成。此外，内部培养模式可能会让接班人更多地关注企业自身，忽略企业的外部环境以及竞争对手的发展状况，从而不能及时调整企业的战略部署，实现更长远、健康的发展。

2. 外部培养模式的效果

（1）为家族企业的发展创造更多可能。

接班人通过企业外的工作和学习，可以扩大知识面、增强自信心以及对自身的认同感，同时也可以建立更加广泛的人脉关系网络，为家族企业的发展创造更多的机会。

（2）帮助接班人建立全面的知识体系。

在家族企业外部培养时，接班人能够受到比较系统、专业的培训，不仅可以培养家族企业所需要的管理才能，同时也帮助其建立系统的知识体系，包括领导风格、领导能力以及基本的管理知识等。有研究机构认为，在接班人正式进入家族企业之前就应该加强其知识和技能的培养，从而使其能更好地融入企业。

（3）培养接班人的创新精神。

通过外部培养可以让接班人获得更广阔的知识面和多元化的知识结构，将这种多元化的知识运用到企业的实际管理中，有利于创新。

（4）培养企业家精神。

企业家精神对家族企业的传承来说具有重要意义，家族企业向下一代传承的时候不仅仅是指职位的传递，同时还有企业文化的传递。拥有企业家精神的接班人可以在接手家族企业的时候传承父辈经验以及在创业过程中艰苦奋斗的精神，在精神力量的推动下，促进企业的成长。

（5）外部培养模式的劣势在于，让接班人有了更多“不安分”的因素。

虽然外部培养丰富了接班人的知识面，并接受了更多的新思想，对企业的创新发展具有重要意义，但同时这种知识面的拓展也有可能使接班人在传承家族企业时不愿意接受老一辈的观念和意见，而更倾向于实现自己的目标。在家族企业继承中，接班人免不了要受到父辈创始人的影响，因此很多有想法的接班人都走上了脱离父辈、自己创业的道路。

从以上对比情况来看，不管是内部培养模式还是外部培养模式，都各有优势和劣势，而且在实践过程中并没有一种完美的培养模式。由于独特性资源方面的差异，不同的家族企业应该选择与其独特性相匹配的培养模式。同时，家族企业还要根据不同发展阶段以及不同的商业环境来调整培养模式。

一般情况下，家族企业主个人的观念对接班人的培养方式往往具有决定性作用。如果企业主比较开明，更容易接受和引进新思想，并追求企业的创新以及持续性发展，那么就有可能选择外部培养模式，反之则更倾向于选择内部培养模式。

此外，企业的继任计划也会影响接班人的培养模式选择。如果家族企业主在很早就已经筹备接班人的培养工作，那么为了获得更好的效果，就会采取内部和外部双管齐下的培养模式。

总之，家族企业要想实现成功传承，应该从自身出发，提前做好周全的继任规划并尽早执行。

7.1.5　日本百年家族企业如何培养接班人

据普华永道统计，世界上超过100年的家族企业，美国有800家，欧洲地区共6 000家，而日本超过了30 000家，日本家族企业数量之多可见一斑。此外，全球有40家超过200年的家族企业加入了欧洲的国际联谊组织协会，仅日本就有5家。

日本百年家族企业的数量为何能遥遥领先？关键原因有三个方面：从接班人少年时期开始培养；接班之前先到其他大公司历练；不拘一格的人才选拔模式。

1. 从接班人少年时期开始培养

【案例一】：藤间秋男从小接触公司事务

藤间秋男作为日本家族企业TOMA集团的第五代传人，从小就被父母带到公司学习各种事宜，因此很早就接触到公司的法务、会计等事务，对此产生浓厚的兴趣，并在后来取得了司法硕士和会计师双资格证。

藤间秋男从少年时期就受到这种环境的熏陶，再加上自己对工作的爱好，得以取得今天的成就。他说："企业家应从长计议，并尽快处理。作为企业的掌舵人，无论你处于哪个年龄段，都应将'人会死'甚至'人会猝死'看成平淡无奇的事情，否则，你很难创建一个百年企业。"

【案例二】：铃木博晶从小接受"食育"

日本铃广集团创建于1865年，该公司在日本的近代鱼食文化领域大有作为。

铃木博晶作为日本铃广集团的接班人，从幼儿时期便每月被父母带去品尝各种美食（如寿司、刺身等），接受食品教育。也只有从小经过这种锻炼，才可以对食物具有一定的敏感度，从而分辨出不同食物之间的微小差异，培养出一流的味觉。不仅如此，铃广集团的下一任成员也在接受同样的食品教育。

【案例三】：大岛博从小品尝各种水果

创建于1834年的千疋屋公司专门致力于各种水果制品的生产及销售。大岛博作为日本千疋屋公司的接班人，从幼儿时期便跟随父母品尝各种不同的水果，培养对不同水果尤其是相似水果的辨识力，掌握识别各种水果类制品（如葡萄干、蜜饯、果汁、罐头等）的能力。

2. 接班前先到其他大公司历练

企业预定好的接班人，其成年或者完成学业之后，鉴于其对公司事务、管理等方面的生疏，通常不会立即进入该企业工作，而是先去其他大型公司学习、锻炼一段时间。当接班人对公司各项事务能驾轻就熟时，再回到企业正式工作。

不可小觑这段时间的“修行”，接班人在接班后处理各种事务的能力都是在这段时间培养的，因此选好历练公司是首要条件。

藤间秋男根据自己多年的经验关于历练公司的选择总结了以下三点。

· 关于公司：公司的规模应比接管的公司更大，管理更加严格。

· 关于高管：公司的高管应严格管教，着力培养。

· 关于父辈影响力：在所选择的公司里，父辈的影响力要极低甚至为零。

以上三点不仅是藤间秋男的个人总结，也是其他企业应该遵循的三点原则。而符合这三点原则的往往是一些大型的综合商社、广告巨头、银行金融巨头等。

例如，在三菱、伊藤忠、三井物产等大型企业中，许多未来的家族企业接班人在此工作、学习，这在日本是众所周知的事情。在日本，综合商社是职业竞争最为激烈的一个行业。优衣库创始人柳井正早年大学毕业后，其父就曾将其安排到一家大型商社深造，但最终未能如愿。

日本广告巨头电通扬雅株式会社也同样存在这个现象，正如日本财经作家植田正在其《电通鬼十则》一书中所阐述的那样："在电通公司内如果扔一块石头，估计都会砸到很多位名人子弟。"在电通这样的国际领先企业工作，不仅能学习和掌握最先进的管理经验、市场营销战略，而且依托强大的企业平台，接班人可以结识到优质的人脉资源，而这些技能、经验和资源都能给接班人带来巨大的优势。

当接班人在一些大型企业接受学习、磨炼和掌握到一定的技能和经验后，他们往往会选择离职回归家族企业。但是，这并不意味着他们立刻就能继承祖业，而是要继续在基层进行长时间的积累和磨炼，直到接班人被家族企业各部门所认可，才能顺利接管家族企业。

3. 不拘一格的人才选拔模式

日本企业对接班人的选拔更注重真才实学，并不会过于拘泥于"血缘关系"。

不过，日本的家族企业为了让"立贤"与"立亲"相一致，通常将自己中意的非血缘关系接班人纳为养子或者女婿，然后为其改姓，作为企业的继承人。这种事例在日本司空见惯，比如耳熟能详的松下和丰田。

日本跨国公司松下的创始人松下幸之助把自己的公司交给了女婿——松下正治。松下正治是与松下幸之助的女儿结婚之后更名的，其原名为平田正治。

日本最大的汽车公司丰田汽车的接班人丰田利三郎便是丰田佐吉的女婿。丰田利三郎也是与丰田佐吉的女儿结婚之后更名的，其原名为小山利三郎。

“养子＋女婿”的继承模式不仅可以避免“任人唯亲”，还强化了创始人与接班人之间的信任。由于接班人是创始人预定并从小进行培养的，所以其个人素质以及做事能力都会出类拔萃，得到大家的认可。日本著名的三井集团连续好几任接班人都是采用“养子＋女婿”的继承模式，三井集团的某掌管人曾说：“相比于儿子，我更喜欢要一个女儿，因为这样的话，我就可以自己选择未来的儿子！”

就全球范围来看，家族企业继承模式各有不同，就其根本而言，都是着力将“任人唯亲”与“任人唯贤”进行有机结合。在日本百年家族企业的继承模式基础上，中国的家族企业应该通过借鉴、汲取精华，从而探索出适合自己的继承模式。

7.2 轮岗培养：快速提升接班人领导能力

7.2.1 轮岗培养模式的特点和理论依据

为了真正实现企业的基业长青，不论以何种方式选出的接班人都需要进行一个长期的培训。世界著名管理咨询大师拉姆·查兰经过研究，提出了一套新的接班人培养模式——轮岗培养。随着企业接班人问题成为一个社会性的问题，更多的中国企业开始接受拉姆·查兰的这一培养模式。

轮岗培养模式，顾名思义就是轮换岗位，通过这种方式让员工得到不同岗位的工作经验，加强自身的学习，提高工作能力，并发现有管理潜质的人才，培养公司未来的领导人。

轮岗培养模式使那些有管理能力的优秀人才脱颖而出，在日后管理整个公司时更能了解每个部门的运作，贴近基层，制作出切合公司员工的规章制度。

1. 轮岗培养模式的特点

轮岗培养模式以公司未来的发展为基准，以当前公司的现状为基础，在正确评估的前提下，建立一套发展规划，以轮岗换位的方式管理员工，并重点培养人才，以上级帮助、同级互助的形式培养企业的接班人。

轮岗培养模式使企业在员工的管理上更科学有效，在规章制度的制定上更贴近实际，能够为员工创造一个和谐、互助的工作环境，更容易吸引人才、留住人才，并在较短的时间内培养出公司所需要的复合型人才。

2. 轮岗培养模式的理论依据

轮岗培养模式以“同心圆学习模式”和“持续强化练习”为核心理论。

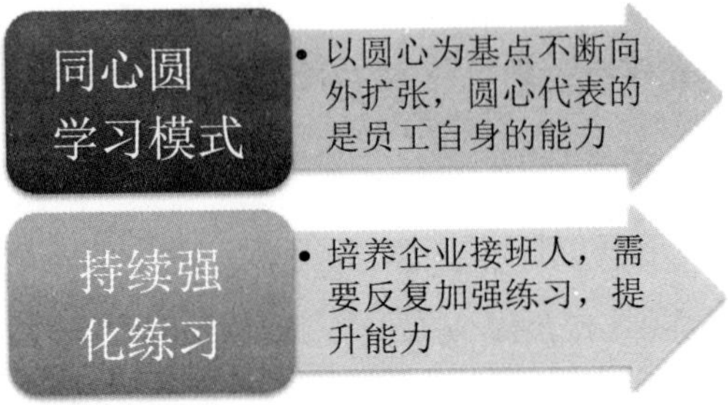

“同心圆学习模式”以圆心为基点不断向外扩张，圆心代表的是员工自身的能力。进入公司后，随着工作经验的增加，阅历的丰富，领导能力不断提升，由靠近圆心的圆向外扩张，逐渐扩大，员工身上肩负的工作难度越来越大，越来越富有挑战性。当阅历积累到一定程度之后，员工的能力就会显现出来，得到公司领导的认可，并获得更有挑战性的任务和职务。

企业一般会通过同心圆学习模式选出接班人。企业的职工通过这种方式也能增加自己的阅历，拓展眼界，提高业务素质，增强管理能力。

例如，培养人才的人际管理能力时，就需要经过以下三个阶段。

第一阶段：刚开始做领导时，需要认准人才，为自己的团队挑选合适的成员，形成一支富有战斗性和凝聚力的队伍。

第二阶段：在职位上升时，身为领导者不仅要管理本部门的员工，还需要影响其他部门的职员，甚至是公司以外的职员，如公司的合作伙伴等。

第三阶段：成为整个公司的领导人，必须具备慧眼识珠的能力，此外，还需要知人善用、用人不疑，能应对突发状况，及时做出战略决策。

持续强化练习是培养企业接班人的另一个重要理论根据。培养企业接班人同读书学习一样，都需要反复加强练习，企业领导人也需要在不断的锻炼学习中增强管理技能和人际沟通技巧。如果在加强练习的同时，得到前辈的帮助指点，则会有事半功倍的效果。

综合“同心圆学习模式”和“持续强化练习”可以看出，轮岗培养模式的核心内容就是量身定制。将每一位接班候选人的实际情况考虑在内，根据他们的特点，采取不同的培养方案，以此来发现最有潜力的人才、最适合管理的领导者，帮助他们在最短的时间内获得最快的成长。

7.2.2　如何构建接班人轮岗培养模式

在实施轮岗培养时，要注意以下三个要点。

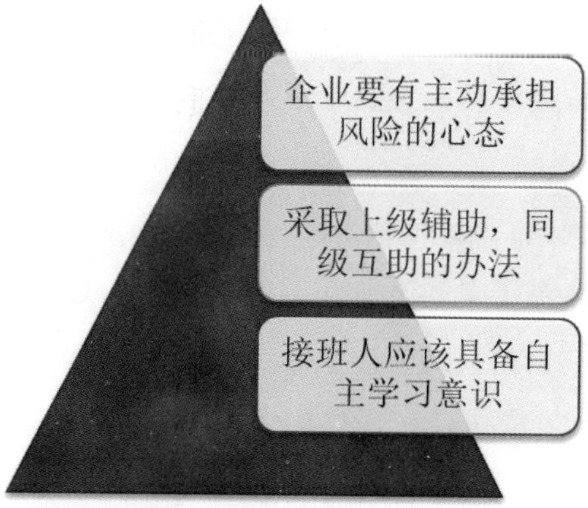

1. 企业要有主动承担风险的心态

轮岗培养人才要有一个长远的规划，将那些有领导潜力的人才送往基层，了解整个生产运营过程，全面发展他们的能力。

2. 采取上级辅助，同级互助的办法

在培养接班人的过程中，可从企业外聘请专家或者上级领导指点，并时刻注意接班人的工作能力以及管理潜力，提供最有效的帮助。

3. 接班人应该具备自主学习意识

归根结底，轮岗培养接班人最重要的就是被培养人有高度的自觉意识，能够正确地评判自己的能力，主动学习，并时刻严格要求自己。

接班人的培养是一个漫长的过程，需要大量的人力、物力、财力，还需要被培养者具备坚定的意志和高度的自控、自觉能力。

虽然拉姆·查兰的轮岗培养模式为企业的接班人问题指明了新方向，但在实施过程中也出现了一些问题，主要有：

· 后继无人。虽然企业最高领导者重视人才的培养，但是由于各种原因导致“后继无人”。

· 无法识别培养对象。或许企业中有众多人才，但是由于评判人才的标准不一，在选拔人才的时候意见无法统一，也就无法选拔出需要的人才。

· 无从下手。由于主客观方面的原因，企业资金的限制或者企业家思维方式比较传统等，企业在选出了接班人之后，也无法用行之有效的方法进行培养。

· 临阵磨枪，仓促上阵。许多企业家在接班人培养的问题上缺少长远眼光，只着眼于当下的发展，等到需要接班人的时候，才发现接班人的能力还没有达到要求，但已无能为力。

· 急于求成。许多企业的接班人从小生活优渥，没有接受过职场

的历练，一进公司就担任高层领导者，自身的素质和业务能力都达不到一个领导者应该具备的素质，对企业员工无法形成影响力。

· 重事轻人。企业家无法平衡好接班人的培养和对整个公司员工的管理二者之间的关系，不能慧眼识珠，发现人才，也无法激励企业员工的事业心和创造力，也就无法留住人才，使公司持久发展。

7.2.3　接班人需要具备的七大关键能力

一个优秀的企业接班人应该具备哪些能力呢？

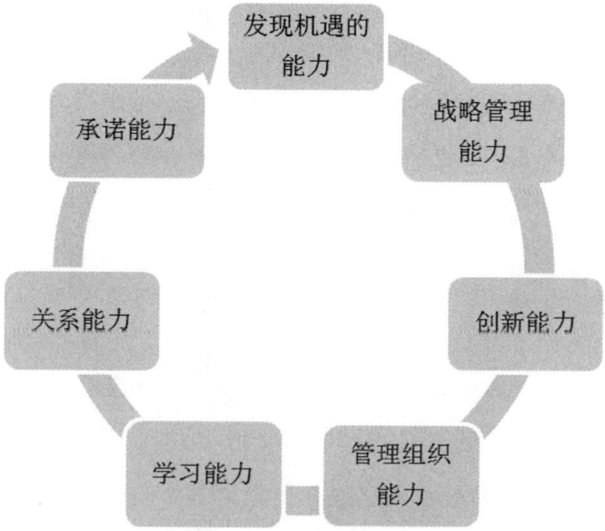

（1）发现机遇的能力。在激烈的市场竞争中，身为企业的接班人要善于发现商机，在市场需求饱和的现状下，通过创新，寻找新的商机。

（2）战略管理能力。一个优秀的企业接班人一定是眼光长远的人，不仅立足于当下的发展，还会着眼于未来，实事求是地制定公司的发展战略，并有重点地培养人才。

（3）创新能力。创新是企业能够持久发展的动力和源泉。接班人要充分利用公司的现有资源，创造性地管理公司事务，鼓励创新，激发员工的创造活力，增强企业的实力。

（4）管理组织能力。身为接班人最应该具备的能力就是管理组织能力，应充分调动起各部门的积极性，善于发现员工的长处，让员工各司其职，提高整个公司的工作效率。

（5）学习能力。学习伴随着一个人的一生，只有坚持学习，才能适应多变的社会。企业家也只有在不断的学习中，才能增强自身的能力。

（6）关系能力。作为一个管理者，要善于处理各种关系，与员工的关系、与合作伙伴的关系、与竞争者的关系、与客户的关系等。

（7）承诺能力。企业能够长久发展的一个重要原因就是能够得到客户的信任，可以放心地与其合作；能够得到员工的信任，全身心地投入到工作中，尽职尽责。只有赢得他人的信任，才能在激烈的竞争中占有一席之地。

除了上述七大能力之外，拉姆·查兰还认为一个优秀的企业接班人还应该具备“首席执行官基因”：

·逻辑清晰，判断力强，能够迅速掌握事情的脉络，并能够用清楚的语言表达出来。

·具有个人魅力，能够通过细微之事展示个人风采，影响员工的工作积极性，营造团结协作的工作氛围。

·观察敏锐，善于思索，能够透过周围环境的变化发现危机，并迅速制定相应对策。

7.3 案例探讨：家族继承人与职业经理人的两难选择

7.3.1 【案例】丰田汽车的轮流执掌模式

以纺织业起家的丰田佐吉创办了丰田汽车，并与其第二任妻子生下了第一个儿子——丰田喜一郎，丰田喜一郎在东京帝国大学工学部专修机械专业，并获得了机械工程学位。

丰田喜一郎毕业之后与父亲共同经营家族事业，并将汽车创造作为家族事业的重点，在1936年创建了丰田的第一条汽车生产线。丰田汽车形成了一定的规模后，开启了家族成员与职业经理人轮流“执政”的循环模式。

20世纪40年代末，丰田汽车遭遇了一次严重的经营危机，由于汽车的质量问题，导致汽车的销量受到了严重的影响，造成了汽车囤积，这对向来以高周转率为经营手段的丰田来说是一个致命的打击，产品卖不出去也就无法收回成本，从而也难以维系企业的正常运转。后来，丰田汽车依靠日本政府的帮助和支持摆脱了危机，但是丰田家族也因此失去了对企业的控制权。

后来，丰田佐吉的侄子丰田英二为丰田家族争夺回了一部分控制权，丰田喜一郎之子丰田章一郎从1981年起重新掌管丰田汽车。随后丰田汽车进入了一个平稳发展期，不仅增强了抵抗经济风险的能力，还开创了一套新的生产方式和经营手法，为丰田汽车和家族的繁荣创造了有利的条件。

到20世纪90年代中期，丰田汽车又要重新选择新一轮的接班人，但是由于丰田家族的下一代是比较年轻的群体，难以承接家族事业，丰田家族决定引进职业经理人。1999年丰田章一郎退休之后，由职业经理人奥田硕代替家族后代接任企业的董事长一职，张富士夫担任总裁。

后来张富士夫接任奥田硕担任企业董事长，渡边捷昭担任总裁，在渡边捷昭的统领下，丰田汽车在2007/2008财年创下了辉煌的业绩，并于2008年一跃成为全球销量最大的汽车厂商，而通用汽车则排在了第二位。

可以说，职业经理人将丰田汽车带入了鼎盛时期，但是由于他们并不是家族成员，在承接职位的同时没有承接丰田注重质量的企业理念，不能领悟丰田家族经营的精髓，在经营管理的过程中更重视短期利益，从而将处在盛世阶段的丰田一下子推入了谷底。

在短期利益的诱惑下急速扩张，使丰田汽车失去了在质量方面的追求，最终导致丰田旗下的8款汽车在1999年之后陆续被召回，这不仅让丰田汽车损失了20亿美元，同时也让丰田汽车因为质量问题陷入了信誉危机，丰田汽车引以为傲的质量优势被严重削弱。再加上整个汽车行业的萧条形势，使得丰田汽车在2008/2009财年首次出现赤字。

为了挽救信誉危机，重新恢复丰田汽车在整个行业中的地位，重塑质量优势，2009年丰田家族第三代传人丰田章男成为丰田汽车的新一届掌门人，召回事件使得丰田家族失去了公众的信任，丰田章男不断地向公众道歉，以求得公众的谅解。

图片来源：网易汽车

从商业发展史上来看，很多家族企业都曾经因为过度依赖职业经理人，没有对职业经理人进行有效的监管以及缺乏切实可行的处理职业经理人与家族利益冲突的机制，而使得家族的财产受到了侵害，企业陷入危机。

事实上，职业经理人并不是现代企业的基本标配，家族企业要想将自己的家族精神以及家族资产良好地传承下去，就需要家族后代勇敢地承担起保卫和延续家族事业的责任，依靠自己的力量来经营和管理企业，从而逐渐弱化对职业经理人的依赖。

丰田汽车在经历了几次崩溃以及重获新生之后，已经发展成了一个股权分散、职业经营的现代企业，但是在丰田面临再一次危机时重新提起了丰田家族，主要原因还是在于，职业经理人在利益面前容易失去理性，过度扩张版图，以至于让丰田汽车的发展偏离了丰田家族的核心经营理念，失去了其对“节俭与效率”的推崇，因此为了能够让丰田汽车重新恢复以往的精彩，集团不得不将丰田家族推至台前，并将企业局势的扭转希望寄托在丰田章男身上。

此举不仅反映了集团股东对丰田家族的信任和肯定，同时也意味着丰田家族再一次成为丰田汽车的掌舵人。虽然丰田家族只有 2% 的股权，但是它的作用却能事关集团的生死存亡，可见创业家族在家族事业中超强的凝聚力和对家族事业的影响力。

7.3.2 【案例】巴林银行倒闭事件的启示

商业史上，有很多家族企业都是因为后继无人，不得不依靠职业经理人来管理企业，而且很多家族企业都因此陷入了危机，巴林银行就是一个典型的例子。

> 巴林银行是世界上最早出现的现代银行，在全球金融领域拥有举足轻重的地位。巴林银行的拥有者巴林家族也是历史上一个非常强大的家族。
>
> 巴林家族起源于 15 世纪的荷兰，在 18 世纪初靠羊毛织造与贸易生意起家；后来，随着生意的发展，巴林家族的第二代弗朗西斯·巴林创立了巴林银行。此后，巴林银行通过政商联姻、为英法美等国的战争提供资金支持、承接战争债券等方式逐渐强大起来，并被授予世界“第六大强权”称号。
>
> 随着家族事业的成长，家族成员逐渐对其失去了热情，在巴林银行的经营上也更不用心，巴林银行的发展一度停滞。进入拿破仑

时代之后，巴林银行为了维持其发展，开始逐渐利用合伙人和职业经理人进行经营。

19 世纪末，因为家族成员不检点的行为，导致巴林银行在公众心目中的地位一落千丈，甚至使其走向了破产的边缘，后来在英国政府的帮助下，巴林银行依靠家族资产的注入获得新生。并且从此以后，巴林家族对非家族管理者的依赖程度越来越高，这种依赖逐渐演变为将专业的管理人才收养为家族成员，并由其参与到企业的经营管理中。20 世纪中期以后，巴林银行开始转变为由家族成员和非家族成员轮流执政。

在家族成员与非家族成员轮流执政期间，非家族成员安德鲁·塔奇推动巴林银行进入了证券领域，并通过一系列并购活动成立了巴林证券，巴林银行旗下的巴林远东证券公司负责人克里斯多弗·希斯进入亚洲开拓新兴的市场业务，同时大胆启用具有冒险精神的年轻人，鼓励其在高风险交易中活动。

1995 年，巴林银行的一名风险交易员尼克·里森在投资高风险衍生品时失利，其原本希望能利用客户账户提高赌注的方式来扳回一局，结果却一再失利，最终使巴林银行损失了 8.5 亿英镑，同时也直接宣告了巴林银行的破产。最后，荷兰国际集团（ING）用 1 英镑将其收购，从此“巴林”二字也销声匿迹。

在发达国家也会发生职业经理人作乱或叛变的事件，虽然西方倡导法律制度和合约精神，可以在一定程度上保护股东的权益，但是不管法律后盾有多强大，也不可能绝对保护股东的权益，与职业经理人的合约不管设计多精细，也有可能依然逃脱不了被操控的命运，这是从美国安然事件以及华尔街金融危机引发全球金融危机事件中总结出的经验教训。

7.3.3 【案例】黄河集团的职业经理人梦魇

新兴的市场由于受其薄弱体制的限制，股东的权益也常常受到职业经理人的侵害，比如黄河集团就曾经一度被职业经理人带来的噩梦所笼罩。

1985 年，杨纪强创立了黄河集团，这也是中国西北地区最大的啤酒生产商，黄河集团可以说是一个典型的家族企业，由杨纪强担任集团的董事长和总经理，四个儿子也在集团里身兼要职。

后来为了推动企业上市，杨纪强特意邀请了《中国乡镇企业报》驻甘肃记者站站长王雁元担任集团副总经理，并对其充分授权，让其放手开展集团业务。而在不久之后，王雁元通过各种关联交易，转移了集团资产，并带走了公司的印鉴和文件，为黄河集团带来了巨大的损害。后来，王雁元因为涉嫌经济犯罪被抓捕归案，但是杨氏家族也大势已去。

由于在对企业家的保护方面缺乏全面有效的机制，如果完全放手让职业经理人来管理和经营公司，对家族企业来说就相当于一场赌博。从黄河集团的案例来看，黄河集团处在中国比较偏远的西北部地区，保护机制更加薄弱，企业要面临更高的产权保障，家族企业是否应该聘请职业经理人、应该怎样解决职业经理人的权限问题，以及建立相关的监督机制，都是企业需要认真思考和解决的问题。